改訂新版

・完全ロープレ形式

成功はあなたのすぐそばに

頑固職人が教える生命保険セールスのすべて

福地恵士 著

近代セールス社

はじめに

　上原素直さん 33 歳。この物語の主人公です。生命保険が売れずに困っています。名前は仮名ですが実在のモデルです。何とか人生を変えたい。でも、どうやったら生命保険契約を安定して獲得できるのか分かりません。どうしたら確実に契約をいただいた方から紹介をいただけるかも分かりません。

　神山エグゼ。上原さんのオフィスにいる憧れのトップセールスです。もちろんＭＤＲＴ会員の資格を 10 年以上続けています。ご存知のようにＭＤＲＴ会員はその国の生保営業のトップ５％の成績が入会基準です。神山エグゼは、個人保険は即決で契約をいただいています。つまり、ご自宅に伺ってご夫婦に「初めまして」と挨拶してプレゼンテーションまで進んだら、その日に 100％成約してきます。そして、契約をいただいたお客様からは 90％の確率で紹介がいただけます。

　そんな彼を教えた師匠が、謎のそば職人、雲上徹人先生。そば職人は仮の姿で、実は生命保険営業の達人です。多くのトップセールスを育てた伝説の人。あのトニー・ゴードンも雲上先生の弟子だとか？　上原さんは、ラッキーなことに雲上先生から生命保険営業のレッスンを受けて成長していきます。

　あなたも、人生を変えたい。この生命保険の営業の仕事を一流のプロとして、一生続けていきたいと願っているでしょう？　でもどうしたらいいか分からない？　それなら、上原さんと一緒にこのレッスンを受けてください。

　さあ、上原さんとあなたの成功物語のはじまりはじまり。

令和元年 6 月

福地恵士

本書を読む前に

　この本では、だれも教えてくれない、とっておきの生命保険の売り方についてお話します。本書の教訓やレッスンは著者が見て、聞いて、実際に行ってきて、生産性向上に役に立ったＭＤＲＴ達人たちの教えです。ですから１日、１レッスン、必ず実行・行動に移すことを約束してください。

　生保営業で成功するのは簡単ではありません。しかし、他人を、ライバルを押しのけて勝ち進んでいかなければ、生き残れないプロスポーツとは違う成功です。自分の考え方を変えて、やるべき努力を楽しく、ウキウキわくわくしながら続けていけば、必ず手に入るものです。ですから、他人と自分との成功のスピードを比べてはいけません。

　本書には、昨日より今日、今日より明日と一歩一歩前進するためのレッスンがありますので、着実に階段を登っていってほしいと思います。

◆ご注意とお願い

　あなたの人生を変えるには、まず、今日の行動を変えることです。本書を読んだだけでは、あなたの未来はすぐには変わらないでしょう。今日から、いや、今からレッスンを実行に移すことが、未来のあなたをつくるのです。

　レッスンはほとんどロールプレイング（以降ロープレ）形式になっています。相手がいればそれも結構。でも、相手がいなくても**スマートフォンの自分撮りビデオモードにして、自分のロープレを撮影してみてください**。撮影にあたっては、スマートフォン専用の三脚をカメラ量販店等で購入するのもいいでしょう。

　スマートフォンで撮影した画像を再生し、自分がお客様の立場なら、自分の話し方や、好感を持って聞けるかどうかをチェックしてみます。最初は自

本書を読む前に

分のロープレのビデオを見るのは恥ずかしいかもしれません。でもだれ
も見ていないですからご安心を。すぐに慣れます。納得できるまで練習
をしてください。

努力は楽しいもの！
努力は必ず報われる！

　成功者とは、成功するまで努力を続けた人であり、失敗者とは努力を
途中で辞めた人です。
　人間は本来、強いものです。成功できるように生まれついています。さあ、
これから成功へのストーリーを一緒に見ていきましょう。

CONTENTS

はじめに
本書を読む前に

プロローグ　成功はあなたのすぐそばに！

❶ＭＤＲＴ達人の教え …………………………………………………8

❷秘書エリーとの面談 …………………………………………………20

第1部　成功の準備

Lesson ❶　過去のやり方を捨てろ ……………………………… 30

Lesson ❷　二律背反の欲求に決着をつけろ ………………… 36

Lesson ❸　潜在意識の大掃除 ………………………………… 41

Lesson ❹　成功の準備 ………………………………………… 46

Lesson ❺　ＭＤＲＴ入会の方程式 ……………………………… 48

Lesson ❻　リストアップ ……………………………………… 52

Lesson ❼　電話アポイント …………………………………… 54

Lesson ❽　絶好調ハガキ ……………………………………… 62

第2部　21世紀のアプローチ

Lesson ❾　昔の男性の生命表を説明する ……………………… 66

Lesson ❿　現在の生命表をプレゼンする ……………………… 67

Lesson ⓫　女性の生命表をプレゼンする ……………………… 69

Lesson ⓬　問題を共有する …………………………………… 70

Lesson ⓭　問題の共有を深める ……………………………… 71

Lesson ⓮　長生き時代は長く働く時代 ………………………… 73

Lesson ⓯　必殺！ 65歳以降の１日の生活円グラフ ………… 76

Lesson ⓰　長い現役時代の保険 ……………………………… 79

CONTENTS

Lesson ⑰　保険料をムダにさせたくない！ ……………………81
Lesson ⑱　２の５の50％ ………………………………………82

第3部　プレゼンテーション
Lesson ⑲　良い保険の３つの条件 ……………………………88
Lesson ⑳　遺族年金と福祉制度 ………………………………92
Lesson ㉑　必要最適保険金額 …………………………………95
Lesson ㉒　これから稼ぐ収入≠生命保険 …………………97
Lesson ㉓　遺族の生活費を月額でシミュレーションする …………100

第4部　老後に関する提案
Lesson ㉔　60歳以降の生活費モデルパターン ……………106
Lesson ㉕　老後賃金シミュレーション ………………………110
Lesson ㉖　医療費の自己負担増の問題を共有する ………113
Lesson ㉗　良い医者と体にやさしい治療 …………………118
Lesson ㉘　介護費用 …………………………………………121
Lesson ㉙　共有した問題をまとめる ………………………124
Lesson ㉚　定期保険と終身保険を説明する ………………127
Lesson ㉛　現加入の保険の問題点を共有する ……………136
Lesson ㉜　すべての問題を解決する提案 …………………140

第5部　クロージング
Lesson ㉝　クロージング ……………………………………148
Lesson ㉞　紹介入手 …………………………………………156
Lesson ㉟　究極のマーケティング …………………………160

本書のレッスンを受けたい方に

5

プロローグ

成功はあなたの
すぐそばに！

① MDRT達人の教え

◆成功したい！　けれど……

　上原素直33歳。支社の年末コンテストの打ち上げパーティーで周り
は盛り上がっている中、上原だけ心はブルーだった。というのも、2ヵ
月のコンテストの成果は最悪だったからだ。

　集まった30人の中には、わずか1ヵ月で外車1台分の稼ぎを達成し
たいわゆるトップセールスが5人もいた。彼らはMDRTメンバーの定
席たちだ。彼らの話ときたら、「来年カナダ・トロントで開催されるM
DRT世界大会の帰りにカナディアンロッキーに1週間も行く」とか、
「家を新築した」とか、「2台目のベンツを買った」といううらやましい
話ばかり。中でも、支社トップの神山エグゼ（50歳）の子供をスイス
に留学させるという話には圧倒された。

　——同じ会社の人間なのに、この差はいったい何だろう。

　それにも増して、彼らの笑顔がいつも輝いていることがうらやましい。
信じられない！　上原はそう思っていた。

「**今日、あなたに会って保険を勧めてもらって本当に良かった！　ありがと
うございました**」と契約をいただいたお客様にいつも感謝されているだ
って？　ありえない。僕が見込客にアプローチをかけると、一瞬空気が
凍るんだ。自分には空気が読めないのか？　彼らトップセールスには、
何か特殊な才能や素質があるんだ。しかし、僕にはそれがない。ないか
ら、嫌われるんだ。

　いつしか、上原はやけ酒になっていた。実は上原は、昨年まで着物チ
ェーン店の店長をやっていた。そんな上原に、サクセス生命から転職の
誘いの電話がかかってきた。それ以来、人生の歯車がおかしくなった。

プロローグ　成功はあなたのすぐそばに！

支社に行って話を聞くと、報酬はやればやっただけ青天井。アントレプレナー（独立事業家）という立場だから時間も自由だし、転勤もない。一生お客様のそばにいて、お客様を守る仕事ということだった。

　これこそが自分の一生をかける仕事、未来を変える仕事がここにある……上原はそう確信した。

　サクセス生命の支社長から転職後の明るい未来の話を聞いて、上原は驚喜した。通称、「呉服屋の若旦那」、年収400万円。チェーン店なのでいつ地方へ転勤になるか分からない。しかも、売上目標を達成しても給料もボーナスも上がる気配がない。このままでいいのか。自問自答の末、「よし、人生のチャンスだ。転職しよう！」

　しかし、まったく筋書き通りにはいかなかった。100人の友人・知り合いのリストにアプローチしたものの、結果は10人の契約にしか至らなかった。しかも、この10人のわずかな契約者から次の紹介先が出てこない。

　──リクルートされたとき、支社長や所長の言っていた話とまったく違うじゃないか！

　話では、100人の友人・知人リスト、いわゆるイニシャルマーケットから保険契約は簡単に取れる。そのあとは彼らから紹介をもらえば、このビジネスでだれでも簡単に成功できる。支社長たちはそう言っていた。しかし、その通りにはならなかった。会社の研修で習ったことを実践に移してもみた。残念ながら、上原には効果がなかった。

　退職金と貯金の残り100万円をかけて外部のモチベーション研修や成功哲学プログラムに投資もしたが結局、捨て金になった。こうして入社してから1年が過ぎた。もう退職金や貯金も底をつく有様だった。

　世の中は、これからクリスマスだ、正月だと景気のいいことをいっているが、僕の人生は地獄だ……。もう先が見えない。どうしていいのか分からない。自暴自棄になりかけていた。

　でも、自分の本当の気持ちはまだくすぶっていた。

9

「成功したい！　人生変えたい。何とかしたい」

◆神山エグゼからの一喝

　こんな精神状態の中で開催されたパーティ会場で、普段なら上原は恐れ多くて話しかけたこともない神の上の人、神山エグゼが一人、上原の隣で酒を飲んでいた。

「神山さん、結局この仕事って成功できる人はほんの一握り。神山さんたちのようなMDRTメンバーになる人って元々、素質や才能があったんでしょ？　僕みたいな人間がMDRTに入るなんて土台無理な話なんですよね！」

　上原は酔っぱらった勢いで神山に噛みついた。

「あほか」ぼそっと神山はつぶやいた。

「そうです。僕はあほです。だから売れないんです」

　そういって嘆く上原。

「もったいないね、ホントに。君のような若い才能が自分の才能に気付かないなんて」

「才能ですって？　冗談じゃないですよ。僕にはもともと才能なんてないんですよ。神山さんみたいに根性はないし、意志は弱いし、この仕事に向いていないんです」

「シュウォオウォオーン」とどこかで尺八の音が聞こえたような気がした。神山の瞳に稲妻が走った。神山の酔ったときに出るべらんめえ口調エンジンが始動した。

「なんだとお？　いいかげんにしやがれ。お前さんどうしてこの業界に入ったんだ。人生変えたかったんだろうが。前の仕事の収入じゃ満足しねぇーで、もっと稼ぎてぇ、いい車も乗りてぇ、うめえもんも食いてぇ、だからサクセス生命に入った、そうじゃねぇのか」

　神山の怒声に、盛り上がっていた打ち上げ会場が一瞬、静まり返った。

「その通りです。でも思ったようにいかないんです。もう営業で行くと

プロローグ　成功はあなたのすぐそばに！

ころもなくなりましたし、行っても紹介も出ない。お金もない。お先真っ暗です」

「売れねぇ奴の言い訳は、そんな風にいーっつもネガティブだからやんなっちまうよ。行くとこなーい、紹介出なーい、金もなーいってか？まず、その辺の口癖から変えねぇといけねぇなあ」

「口癖、ですかあ？」

「口癖ってえのは、おめえさんの考え方の癖が言葉になって出てるんだ」

「考え方の癖が言葉になる？」

「売れるやつはな、言葉が違うんだ。売れている仲間はいつも『ついてる』『運がいい』ってえのが口癖になっているんだ」

「そんなことで、売れるようになるんですか？」

「そんなことじゃあねぇんだよ。基本よ、キホン！」

「ツイてないのに口だけ『ついてる』なんて言えませんよ」

「分かってねぇなあ、ほんっとに。いいかよく聞け。人間ってのはなー、いーっつも思っていることや、口に出していることを現実の世界で起こす力があるんだぜ」

「なんかオオカミ少年の話みたいですね」

「そうよ。あの逸話はな、見事にそれを物語にしているんだぜ。オオカミなんて見たこともねぇやつが、『オオカミが来る、オオカミが来る』って嘘をつき続けただろ？　でも言い続けてたら、本当にオオカミが来ちまったんだ。思い込んだり、嘘でも言い続けていると本当に起こっちまうっていう、いい例じゃねぇか？　だからよ、お前さんの口癖で『売れねえ』『紹介が出ねえ』『だめだあ』『金ねえって』なんて言ってっからその通りになっちまうんだ」

「実際、紹介出ないから仕方ないですよ」と上原はあきらめ口調で言った。

「それ言ってお前さん、楽しいかい？」

「楽しくはないですけど、実際売れてないから正直に『売れてない』って言ってるだけですよ」

「じゃあよ。売れてなくて『売れない』『苦しい』って言うのと、売れてはいないが『売れている』『楽しい』って言うのと、どっちが気分いい？」

「嘘ついてもあまり気分が良くないかも……」

「こりゃ重症だな。困ったやつだ。お前、脳科学者の茂木健一郎さんって知ってるか？」

「あの、頭がモジャモジャの先生ですね」

「知ってるじゃねぇか。茂木先生が言うにはだな。成功の法則とは『根拠のない自信を持って楽観的に生きろ』こう言ってんだよ。分かるか？根拠なんてなくったっていいんだよ。まず、感謝と喜びで生きる。理屈なんてぇやつは、そこいらに置いておいてだな、『売れる、楽しい』っていう台詞を口癖にするんだ。強いていやーこれが素質だ」

　上原は完全に混乱していた。でも確かに毎日「売れない、苦しい」って言うよりは、嘘でも「売れる、ツイてる」って言った方が楽しい気分になれそうな気がしてきた。

教訓その❶

　口癖（＝言葉）をポジティブにすることです。

　人間の未来は、今考えていること、いつも想像していること、イメージしていることがやがて現実化するのです。さらにイメージや想像していることをより強固にするのが言葉です。だからその言葉をポジティブに、前向きに使うのです。特にどうしても実現したい夢があれば、強度と頻度をより強く、１日に何回も数多く言葉に出すとよいのです。

　上原が考えているところへ、神山はさらに続ける。

「だけどな上原。それだけじゃ、やっぱり売れねぇんだなあ」

「やっぱり、ですか？」

「たいていのやつは茂木先生の講演を聞くと、感動して講演が終わった後に先生に近づいてきて『先生！　感動しました！　俺、ビッグになり

プロローグ　成功はあなたのすぐそばに！

ます』なんて言ってくるらしいな。だけどいいか、先生はだな、『成功するには、その根拠のない自信を裏付ける努力をしないといけない』と言っているんだ」

「やっぱり、努力しなくちゃいけないんですね」

「お前さん、『努力』っていうとどんなイメージを浮かべる？」

「忍耐力とか、辛いとか、長く続かないというイメージが先行しますね」

「そうじゃねえんだって。努力ってえのはな、決して忍耐、強要、頑張るっていうイメージじゃあねえんだよ。なあ上原、努力の『努』って他に何て読むか知ってっか？」

「つとめる、ですか？」

「そうとも読む。だが、驚くんじゃねぇぞ。努力の『努』ってぇのはなあ、よーく聞きやがれ！」

　神山は絶好調だ。まるで自分が歌舞伎役者か何かと勘違いしているようだ。

「努力の『努』ってえのはなあー、『ゆめ』とも読むんだ〜ぁぜぇー」

「いよっ！　神山！」と傍で聞いていた支社の仲間たちも声を合わせた。

「『ゆめ』、ですか？」

　上原は思わずスマホで「ゆめ」を変換してみた。

「ああっ！？　『努』の読み方、『つとめる』のあとに『ゆめ』ってあります！　本当ですね！」

　正確には『努々（ゆめゆめ）』であるが、「ゆめ」であることに間違いない。

「どうだ、いい話だろ！　努力の『努』は『ゆめ』、つまり、努力は夢を実現するための過程なんだよ。これからは『どりょく』と読まずに『ゆめぢから』って読むんだぜ。努力は決して辛いものじゃねえんだ。頭の中で想像していたものを一歩一歩、現実の世界で実現化するためのプロセスなんだ。だからな、努力は楽しいもんなんだ」

13

教訓その❷

努力を忍耐、苦痛とイメージしてはいけません。努力は楽しいものなのです。一歩一歩自分が成長していく、夢を実現するための楽しいプロセスと脳に言い聞かせることが大切です。

　上原は感動していた。「頑張りたい」、「頑張る」、「でもできない」、「続かない」。自分には才能も根性もないと反省する毎日だったが、この考えは間違っていたことに、今ようやく気付いた。
「努力は忍耐じゃなく、楽しいって考えるってことですね？」
「そうよ。いいか上原。しょせん人間ってえのは、頑張るために生まれてきたわけじゃねぇんだよ。頑張ることだけを目的にしちゃあ生きてはいけねぇんだ。人生は『ウキウキ、ワクワク』、自分の夢を実現するために人間は生まれてきたんだ」
　上原の目が少しずつ輝きを帯びてきた。そして居住まいを正すと、神山に向かって切り出した。
「僕でも夢、実現できますか？」
「あったりめぇじゃねぇか。そのためにサクセス生命に入ったんだろ？」
「は、はい！」
　忘れていた言葉が、上原の脳裏に浮かび上がった。
──夢を実現するかぁ。そうだったよなぁ。

教訓その❸

人間は頑張ることだけを目的に生きてはいけません。楽しいことしか続けられないものです。だから、なりたい未来の自分を、より具体的に見られるように工夫することが大切です。たとえばハワイに表彰旅行に行きたいのなら、家族でハワイに行っている合成写真を作り、毎日見てわくわくするのです。

プロローグ　成功はあなたのすぐそばに！

◆誰にでも素晴らしい才能がある！

　神山はぐいっとグラスをあけてから、鋭い目で上原を見た。

「上原。お前さんみてぇな若い才能が、発揮できずにこの業界を去っちまったら日本の保険はどうなっちまうと思う？　飲んだ勢いで言っちまうがな、俺は20年以上この業界にいるが、まともな保険や貯金やってるのを見たことがねえ。この業界にはお前さんのような若い力が必要なんだ。いいか、お前さんは日本の保険と貯金を変えるプロジェクトに参画したんだ。保険と貯金の流れを変えてお客様を幸せにする。お客様に本当に喜ばれる商品を提供し、お前さんも幸せになる。そういう人生を歩いてみたいと思わねえか？」

　上原は絶句した。憧れの神山エグゼが本気で叱ってくれた。「お前」とか言ってくれた。

「ちょっと売れねえと、すーぐ自分の素質や才能がねえとぼやく。どいつもこいつも、なっさけねぇぜ」

「ホントになさけないです」

「おいおい同調すんなって。それよりいいか？　お前さんには親からもらった素晴らしい才能があるんだよ。それなのにお前さんは、その素晴らしい才能に気付いていないだけだ。分かるか？　才能の発揮の仕方を知らねえだけなんだ」

「僕に才能があるですって？」

「そうよ。お前さんは、親父さんとお袋さんの愛の結晶だあ。その親父さんとお袋さんを作ったのは、それぞれの爺さんや婆さんじゃあねぇか」

「そんなの、当たり前です」

「あったりめぇじゃねんだよ。その爺さんや婆さんを作ったのはひい爺さんやひい婆さんだ。そうやって、何代にもさかのぼってみやがれ。お前さんにはいったい何人のひいひいひいひい……？」

　といって指を折る神山を上原は制した。

「分かりましたよ。だからひいひい何ですか？」

15

「30代もさかのぼると、何人のご先祖様がいるかって聞いているんだ。ちょうど平安時代だ」

「うーん。1,000人くらいですか？」

「お前さん、算数苦手か？」

「小学校では4でした」

「驚くんじゃねぇぞ、30代さかのぼっただけでお前さんのご先祖さんは10億7,000万人いるんだよ」

「じゅ、10億———？　神山さんは算数4ですか」

「ずっと2だ。いてえとこつくんじゃねえ、話を戻すぜ。その一人でもなあ、子作りや子育てをサボったらお前さんはいねえんだよ。お前さんは奇跡の存在なんだよ。分かんねぇのか」

「うーん」と上原は声も出ない。

「よーく考えてみろよ。昔はいい薬も医学もねえ。おまけに伝染病やら飢饉、地震津波、火山噴火といった自然災害もあっただろうし、戦国時代や2度の世界戦争といった辛い歴史もある。そういった危機をかいくぐってあんたの親父さんやお袋さんに命が引き継がれたんだ。そしてお前さんが生まれた。そんな強いご先祖様からバトンを渡されたお前さんが、弱ぇわけねえじゃねぇか！　才能がねえとか、弱いとかダメだとか、今後ぬかしやがったら許さねえぞ！」

教訓その❹

　人は強いものです。絶対あなたは強いのです。何千年と続いた先祖から生命のバトンを受け取ったのですから、自分は絶対強いと信念すべきです。

　神山の話に上原は感動した。

「すみません！」と言って上原は目頭を押さえた。

「人生一度きりよ。お前さん何のために生まれてきたと思う？　お前さ

プロローグ　成功はあなたのすぐそばに！

んには生まれた理由があるんだよ。偶然泡のようにぷわあーって出てき
たんじゃねぇんだよ」
「お客様のため、世の中で役に立つ保険を売るためですか？」
「てやんでえ。そんなかっこつけてっから売れねぇんだ。いいか。お前さ
んがお前さん自身の夢を叶えるために生まれてきたって言ってんだろ？」
　　上原はそれを聞いて納得した。
「いいか上原。21 世紀型の保険なら、売りは善だ。だからよ、お前さ
んは自分のほしいもの、叶えたい夢のために仕事をしていいんだよ」
「自分のために生きるってことでいいんですか？」
「あったりめぇじゃねぇか。売りは善だって言ってんだろうが。保険を
売るってぇのはなあ、結局どれだけお客様の信頼を集めたかってことだ。
いっぱい稼ぐ奴はいっぱいお客様の信頼を集めた証拠なんだよ。『信頼
＝結果＝お金が入る』、ってことだ。いい仕事じゃあねぇか。お客様を
幸せにして自分の夢も実現する。お前さんもその夢実現したくねぇか？」

> **教訓その❺**
>
> 　良い保険を売って稼がせていただく。これは善であると認識するので
> す。仕事はボランティアではありません。「良い保険を売る＝これは
> 善」だから、売ることに罪の意識があったならそれは大きな勘違いです。
> すぐにでも払拭します！　契約をいただくことはお客様の信頼の結晶な
> のですから。

　　上原は上気して言った。
「その夢、実現したいです！　このままずっとダメでいたくないです。
人生変えたいです！」
「本当にそう思うか？」
「はい、本当にそう思います！」
「俺たちはさあ、エグゼでもヒラでもないんだよ。ＭＤＲＴなら 12 月

締め、会社の海外表彰基準なら３月の締めが終わったら、どんなに前年いい成績を出していても、またご破算でイチからになる。つまりゼロスタートってわけだ。そうだろ？」

「プロ野球の選手と同じですよね。前の年のリーディングヒッターでも、次の年は分からない、ゼロからのスタートということですね」

「分かってるじゃねえか。いいか、上原？」

　しらふなら絶対紳士の神山がこんな名調子になるのは珍しかった。

「同じ商品、同じ条件で１年スタートしてＭＤＲＴや会社の表彰基準をクリアした仲間を、オレは同志と呼ぶ。いいか上原！　おれの同志になれ！」

「なります！」と上原は元気に答えてから、「ですから教えてください。売れる秘訣を！」

「お前さん、本当に甘ぇなあ。皆すぐに聞くんだよな。売れる秘訣って何ですかってな」

「はぁ？」

「あるわけねえだろう、そんなもん。お前さん『秘訣』って聞いたよな。『秘訣』って言い方変えりゃあ『楽して稼ぐ方法』って意味だろ」

「ず、図星です」

「そんなに知りたきゃ、本屋に行ってみな。インターネットでも『生命保険セールス成功の極意！』なんて検索キーワードで探してみりゃいいぜ。山ほど出てくるはずだ。『簡単に紹介が出てしまう方法』とか、『社長に保険が簡単に売れる方法』とかよ。だがよ、そんなのみーんな嘘っぱちだぜ。『簡単』ってタイトル入れりゃあ、本は売れるわなあ。だけどそんなの出版社や原稿を書いた奴だけが儲かるだけよ」

「じゃあ、ないんですかぁ！？」

「あるわけねぇだろ」

　と神山は否定しつつも、落ち込む上原に神山は優しく語りかけた。

「秘訣はねえが、お前さんが本気なら明日オレのブースに来いよ。お前

プロローグ　成功はあなたのすぐそばに！

さんが変わるためのレッスンぐらいしてやれっからよ」

　上原は顔上げて神山を見た。かなり上機嫌な様子だが、目は真剣だった。

「さて、ちょっとガソリンが入りすぎてだいぶ飛ばしちまったぜ。余計なことを言っちまったみたいだしな。さあ、今日は楽しく飲もうぜ」

　神山の笑顔が上原の心にしみた。この日、上原は感動に震えていた。

――明日から僕の人生変わる。いや絶対変えてみせる。神山さんみたいにかっこ良くなるんだ。

　上原はそう心に決めていた。

教訓その❻

　簡単に成功できるわけがありません。成功に簡単な秘訣はないのです！　だからライバルはいません。秘訣があるとすれば、輝く未来の自分を具体的に想像してトキメイテいることなのです。

19

② 秘書エリーとの面談

◆大事なのは学歴？　それとも…？

　神山のブースを覗くと秘書の通称エリー（高花恵理）しかいなかった。高花恵理 35 歳独身。山の手オフィスの高嶺の花、美人だ。

「エリーさん、おはようございます。今日は、神山さんは？」

「神山さん、今日は札幌に出張よ」

「えー？　今日からレッスンしてくださると言ってたんですけど……」

「あーそのレッスン、今日は私がやることになっているの」

「エリーいや高花さんが僕に？」

「そうよ。いやなら、いいけど」

「だって、保険セールスのレッスンですよ。高花さん売ったことないですよね？」

「第 1 レッスンは、私。売る以前のレッスンよ。私、神山エグゼに付いて 3 年でしょ。その前に 3 人のエグゼの秘書をしていたから、神山さんを含め、4 人のエグゼを知っているつもり。だから、彼らがなんでコンスタントに高い成績を上げているか、知っているつもりよ。むしろ秘書の私だから分かる大切なことがあるのよ。この仕事で成功するのには」

「売る以前のレッスンより、今すぐ売れる話が聞きたいんだけど」

「神山さんの言ってた通り、あなたやっぱりアホね。せっかちで楽して稼ぎたいタイプね」

「エリーさんにアホって言われるのは嬉しいです」

「もしかして上原さん変態？　どうするの？　覚悟したんでしょ。やるの、やらないの？」

「やっ、やります。よろしくお願いいたします」

プロローグ　成功はあなたのすぐそばに！

「じゃあ、レッスン1。テストよ。この仕事で成功するのに必要な素質、才能をチェックしまーす」

「素質？　才能？　いきなり、自信のない分野だなあ」

「そう。絶対必要な素質ってあるのよ。この仕事で成功するのに必要な素質って何でしょう？」

「学歴と前職の社歴ですか？」

「ブー。残念、違います」

「だって、マネージャーがスカウトするときに使うリストは、有名大学の卒業生リストや一流企業の社員リストですよ」

「そうね。でも超一流大学を卒業してトップクラスの上場企業から転職してきた人がいたの。神山さんの同期よ。前職からのうらやましいほどの見込み客リストが支社でも注目の的。一見すると魅力的な人間性が彼にはあったのよ。だれもが彼の成功を確信していたわ」

「今は？」

「2年もたずに退社したわ」

「えー？　何でですか？」

「だから素質がなかったの。神山エグゼ流に言えば素質に気付かないで辞めていったの」

「学歴、社歴ではない素質かあ。難しいなあ」

「なんにも難しくないわ。正解は、情熱とそしてあなたの名前よ」

「えっ？　素直？　素直さ、素直な心ですか？」

「そのとおり。その彼ね、『この仕事で絶対成功したい』という情熱がなかったの。そして人のアドバイスを素直に受け入れる心構えもなかったの。いつもすねていたし、マネージャーとの関係も最悪だったわ」

「僕も、大学は出て呉服屋の若旦那で頑張ってましたよ。素質ありますか？」

「名前が素直ちゃんだもん。こうやって私の話を受け入れてくれるんだから、心はとっても素直じゃない？」

21

「へへっ"素直ちゃん"ですか。嬉しいですねえ」

「後はハングリー精神。求める度合いね」

◆熱意、情熱、素直でMDRT会員になった古田くん

「もう一つの情熱かあ。でも学歴も社歴も大したもんじゃないですけど、このままで終わりたくないんです。変わりたいんです。僕でもいけそうですかね。エリーさん」

「情熱といえば、ピッチャー古田くんの話をしましょうか」

「キャッチャーの古田なら知ってますけど」

「だから有名じゃない方のピッチャー古田くんよ」

「エリーさんの元カレですかあ?」

「ばかねえ。古田くんも神山さんの弟子なのよ」

「へー? やっぱり元プロ野球選手ですかあ?」

「うーん。ちょっと違うわ。プロを目指していた人ね。小柄ながらコントロールで打ち取るピッチャーとして活躍したのよ。ドラフト候補で、5位で指名される予定だったの。でもね、ドラフト当日にね、どんでん返しでご破算になっちゃったの」

「へー。何でどんでん返しになったんですか?」

「親会社の勝手な都合よ。ドラフト4位まで読み上げられて、それでその球団の指名終了。ドラフト会議の前日までは、ほとんどドラフト確定ということで、古田くんの住んでいた町ではちょー人気者でね。ラーメン屋さんでもお寿司屋さんでも呼び止められて『おーい。古田、寄ってラーメン食べてけ。寿司食いねぇ』状態だったんですって」

「それがどんでん返しですか?」

「そう。当日テレビ局や新聞社も古田くんの家に押しかけていたんだけど、指名がなくなるとみんなスーっと消えちゃった」

「ひどいですね」

「それでもね、古田くん、プロ野球選手になる夢をあきらめきれなかっ

プロローグ　成功はあなたのすぐそばに！

たの。でもプロになるにはもう一つ問題があったのね」

「問題って何ですか？」

「体が小さいのよ。身長は 167 センチしかないの。それにね、コントロールはいいけれど球速は 130 キロしかなかったのよ。そこで一流のプロとして活躍するためにコントロールだけではなく、150 キロの剛速球を投げようと考えたの」

「えー？　167 センチで 150 キロの剛速球なんて投げられないでしょ」

「だれもが、古田くんのような小柄な選手が 150 キロの速球を投げるのは無理だと言ったわ。でもね、ここからが古田くんの陽転思考なのよ。どうしたら身長 167 センチでも 150 キロの球が投げられるか徹底的に考えたり、調べたりしたの」

「へー。面白いですね」

「ついに結論にたどりついたわ。古田くんのような小柄な選手でも 150 キロの速球を投げるにはね、筋力アップではなく、体を柔軟に改造し、体のしなやかさで投げることで、可能性が見えてきたの。あのイチロー選手が使っているマシーンでトレーニングして、ついに 150 キロの剛速球を投げることができるようになったのよ。すごいでしょ？」

「エリーさんってすごい話知っているんですねぇ」

「ダテに、4 人のエグゼの秘書やってるんじゃないの」

「おみそれしました」

「古田くんはメジャーを目指して、渡米するのよ。でもね、アメリカは厳しいわ。アマチュアリーグしか彼を受け入れるところがなかったのよ。アマチュアリーグだから、あの広い米国内をバスで移動するのよ。この過酷な環境が彼の肉体を蝕んでいったのね。最初投げられた 150 キロの剛速球も疲労で元の 130 キロも出なくなってしまったの。結局、一度もプロ野球選手として活躍できずに帰国したのね」

「そうなんですか」

「プロ野球の世界ではね。高卒の『元プロ野球選手』にもなれなかった

古田くんはどうしたと思う？」

「現実は厳しいですからね」

「学歴も社歴もなかった古田くんはそれから縁があって生命保険セールスの世界に28歳で入ってね、今年で5年連続ＭＤＲＴ会員よ」

「ええっ！？」

「彼にはね。さっきから言っている素質、才能があったのよ。プロ野球では2流にもなれなかった古田くんね、生保セールスで絶対成功するという情熱と、人の話を素直に受け入れる心を持っていたのね」

「それだけで本当にＭＤＲＴ会員になれるんですかあ？」

「それだけって、簡単に言うけれど、そうじゃない人多いでしょ？」

「まあ確かに」

「失礼なんだけど、古田くんは野球しかやってなかったでしょ。学歴も経験もないし、プロ野球選手の人脈もない古田くんが、どうやっていきなり1年でＭＤＲＴ会員になったと思う？　最初からポリシーとして飛び込みやコールドコールはしないことに決めていたそうよ」

「それじゃあ、行くところに苦労したんじゃないですか？　見込み客リストも極端に少なそうですね」

「そうよ。それでね、知っている人といったら、なんと小学校時代の女の先生しかいなかったのよ」

「小学校時代の女の先生って、何年も会ってなかったんでしょ？」

「そうよ。『いくら古田くんでも、生命保険は先生入っているから話を聞いても無理だわ』当然のように電話口で断られるわけ。でも古田くんの持ち前の積極性と明るさで『先生、話だけだからいいじゃないですか？　とにかく会うだけ会って話を聞いてくださいよ！』って押し切ってね、アポが取れたのよ。野球で培った粘りね」

「へえ。僕はすぐあきらめちゃうんだよな」

「それは、今まででしょ？」

「はい、そうでした。これからは変わります」

プロローグ　成功はあなたのすぐそばに！

「そう、その意気よ。このアポが古田くんの成功への大きな一歩だったのね」

「ですけど、野球しか知らない古田さんがどうやって先生に気に入ってもらったんですか？」

「それが、実にシンプル！　先生は独身だったみたいね。それでドル建ての終身保険を勧めたのよ」

「古田さん、ドルの説明うまくできたんですか？」

「だからシンプルなのよ。こんな感じ。

『先生、最近ガソリン上がりましたよね』

『そうね。やんなっちゃうわね』

『先生、貯金しているでしょ？　でも銀行や郵便局に預けていても金利は付かないし、物価が上がった分ゼロ金利だと貯金目減りしちゃいますよね？　貯金の一部をドルに預け替えるのはどうですか？』

『ドルねえ』

『たとえば、このドル建ての終身保険60歳まで払い込んだらいくら戻ってくるでしょうか？』

『うーん半分くらい？』

『ブー。（以下ドルベースで）払った保険料に利息が付いて戻ってくるんですよ。だからうちに預けてもらえば利息も付くし、保険もおまけに付いてくるんですよ。為替リスクはありますけど、通貨分散になりますよ。いいでしょ先生』

『古田くんの保険ってすごいのねえ』

『はい、プロですから』

って、こんな具合に話が進んだんですって。ちょっと紙には書けないトークよね」

「だって、他のリスクって説明したんですかねえ」

「パンフレット通りの説明はしたそうよ。でもあとで神山エグゼのレッスンを受けて、今はさらに分かりやすく、お客様に説明できるそうよ」

25

「そんなシンプルな話でうまくいくのかなぁ」

「あとで、またトークに関してはレッスンを受ければ分かるわ。このように話せば必ず売れる！　というトークや話法なんてないのよ」

「熱意、情熱、素直さですか？」

「分かっているじゃない。結局ね、その小学校時代の先生の紹介で、教え子で活躍している 10 人に会うことができたのよ。信じられないけど古田くん、最初の 1 年は、この話法一本やりでMDRT達成したの」

「一本やりですか」

「資産形成話法は、単価は上がるでしょ？　医療保険だけではなかなかMDRTには届かないわよね」

「そうですよね。でも確かにヒントにはなるなあ」

◆積極思考のマジック

「古田くん。来年はMDRT基準の 3 倍COT（Court of the table）、そして 6 倍のTOT（Top of the table）を目指そうという神山さんのアドバイスも素直に約束してくれたの」

「それで？」

「野球でメジャーを目指した古田くん。ついに生命保険ではメジャーになったのよ。『オレ、生命保険の世界でトップ 5 ％に入ったんや。すごいやろ？　その俺がその 3 倍やるって決めたんや。だから誰かお金持ちの人いない？　紹介して』って既契約者にお願いしていたら『ああ、近所のおばあさんで、相続で困っている人いるよ』って紹介もらったのよ。これが積極思考のマジックっていうのよ」

「積極思考のマジックですか？　古田さんって関西出身ですかあ。エリーさん関西弁うまいですねえ」

「あらそうかしら？　そうそう、素直ちゃん、今は信じられないかもしれないけれど、売れるようになってくると、どんどんとツイてくるのよ。売れている人ってみんな引きが強いでしょ？」

プロローグ　成功はあなたのすぐそばに！

「どうしてそうなるんですか？　僕なんてまったくそんなラッキーはないですけど」

「ほら、またそんなこと言って！　神山さんにお酒の席で言われたでしょ？」

「口癖ですかあ？」

「そうよ。古田くんはね、ちょーポジティブな人よ。きっとそれは、野球選手時代に体に染み込ませた成果ね」

「僕もちょーポジティブにならなくてはいけませんね。で、そのおばあさんは？」

「そうそう、おかしいのはね。古田くん、まったく知識もスキルもないでしょ？　相続の案件って言われて慌てたの。でも必要に迫られると知識って身に付くものなのね。たまたま東京でやっていた生命保険会社の相続セミナーに出たんですって」

「いきなり相続セミナーに出て古田さん分かったんですか？」

「失礼だけど笑うわよ。最初どっちが相続人でどっちが被相続人だとかも分からなかったそうよ」

「スゴイとしか言えませんね」

「結局このセミナーで覚えたのは『おばあさん、生命保険金は受取人の固有の財産ですから遺言以上の効果があるんですよ。相続が心配なら、遺言代わりに貯金を終身保険に預け替えておけば、税金も安くなるし安心ですよ』というセリフだけ」

「それだけですかあ？」

「そこが、やはり古田くんの素直さ、明るさがこのセリフに乗り移ったのね。そのおばあさん『古田くんってすごいね』って言ったのよ。そしたらまた『ええ、プロですから』これでおしまい。終身保険に全納保険料１億円。神山エグゼに電話がかかってきたわ。『神山さんありがとうございます。おかげさまで相続の案件が成立して、今月の給料１,０００万円超えますわあ』てね。今年は見事にＭＤＲＴ基準の３倍ＣＯＴ（Court

27

of the table）を達成して、5,000万円を超える年収らしいわよ。うらやましいでしょ？」

「うーっ。悔しいなあ。彼にできるんなら僕にもできますよね」

「もちろんよ。古田くん、来年はＴＯＴを本気で狙っているのよ。夢は大きく、こうして一つひとつの成功の積み重ねで、目標がさらに大きくなるわけね」

「なんて僕は怠けているんだろう」

　上原は、大学も出ているし一応名の通った会社で店長として活躍していたではないか。古田より自分は恵まれている。なのに今までそのことにまったく気付かなかったし、売れない理由を自分の素質・才能のなさにして、辞めようとも考えていたのだ。

「いい？　素直ちゃん。ファイナルクエスチョンよ。神山エグゼの同期で、すぐ辞めちゃった彼と、古田くん。この２人の違いは何だっけ？」

「情熱と素直さです」

「大正解！　名前が素直なんだから、素直に私の話受け入れてね。この素質・才能＝情熱と素直な心の姿勢はだれでも開拓できるのよ。私のレッスンはこれでおしまい。明日からは神山さんの師匠のところに行ってね」

エリーからのアドバイス

　成功者共通の素質と才能＝それは成功への情熱と素直さよ。この本のレッスンを情熱と素直さを持って受け入れ実行するの。保険のセールスに限らず他の成功者に共通していることよ。これ以上大切なことはないの。だからあなたもすなおーに、わくわくする夢と情熱を持って活動するのよ。

第 1 部

成功の準備

Lesson 過去のやり方を捨てろ

　エリーのレッスンを受けた上原は早速、エリーから渡された１枚の名刺に書かれてある住所へと向かった。
　そこには、

> 東京都豊島区池袋本町２丁目
> フラワーハウス101号
>
> 雲上徹人

と書かれていた。
　上原は昨日のエリーとのやりとりを思い出していた。
『"くものうえのてつじん"ですか？』
『"うんじょうてつと"さん。神山さんの師匠って言ったでしょ。TOTの３倍やっている雲の上の鉄人よ』
『TOTの３倍っていうことは、ＭＤＲＴの18倍？』
『みんな"てつさま"って呼んでるわ。上原くんはほんとにラッキーよ。雲上さんニューヨークで10年連続TOTの２倍３倍、ぶっちぎりで保険や投資信託を売っていたんだけど、なぜか今年、日本に戻ってきて、池袋で代理店を始めたの。神山さんは10年前にニューヨークまで行って雲上さんのセミナーに出て、免許皆伝になったのよ』
　何やらとてつもない人であるということだけは分かったが、それでも不安を抱きながら、上原は住所地に向かった。

◆生命保険セールスの虎の穴─雲上道場
　上原は池袋フラワーハウスの看板を見て門を叩くのをためらった。フ

第1部 成功の準備

ラワーとは名前だけ？　これってそば屋でしょ？

「手打ちそば　花庵」

　とのれんにある。エリーからもらった名刺の住所を再度チェックしても、間違いなくここだ。怪訝な面持ちでのれんに手をかけた。

「こんにちは」

　不安げにのれんをくぐって木戸を開ける。中では、ねじり鉢巻きに、はんてんをまとったそば職人がそばをこねている。

「いらっしぇーい。１名様どおーぞ」

「あのー、サクセス生命保険の上原素直と申しますが、こちら雲上先生のお宅でしょうか？」

「うん？　あっしが雲上だが、あんただれでぇ？」

「いえ。私が会いたいのは雲上先生、保険セールスの雲の上の人で"てつさま"って呼ばれている先生にお会いしたいんです」

「なんでぇ、そば食いに来たんじゃねえのかい」

「ええ、神山エグゼの紹介で雲上先生に保険セールスの極意を教えていただきたく参りました」

　すると、そばをこねていた手が一瞬止まった。

「ああ、神山ちゃんの紹介ね。聞いてるよ。まあ、そんなとこ突っ立っててねえで、こっちきて座んな」

　雲上がどんなに素晴らしいキャラなのか上原は期待していたが、あまりのギャップに、ちょっとがっかりした。雲上の言われるままに座り込んだ。雲上、いや目の前のそば職人は、練り鉢のそばを円錐状にこねていた。

「これが、角だしっていうんだぜ。そいでこうやってつぶしてこの作業が丸出し」

　雲上のみごとな麺棒さばきで、そばの塊がみるみる大きな円形に延ばされていく。しかし、上原の要件はそば打ちを見に来たわけではなく、保険セールスの極意を会得しようと馳せ参じたわけである。

31

「あのおー。僕そば打ちの修行に来たんじゃないんですけど」

「分かってらい。まあ、見てなって。そば打ちの心は保険の心だ」

　そう言われて、上原は黙ってそばができるのを待った。上原個人は、実のところそばが好きだ。しばらくその雲上の手さばきに見とれた。

「まーるく伸ばしたそばを麺棒でこうやるとほら」

「わー、丸が四角になるんですね」

「そうよ。伸ばして、またたたんで伸ばす。そしてたたんでから、いよいよそば切りだ」

　見事な包丁さばきで、あっという間に細いそばの束ができていった。

「切った断面を見てみろ。まっ四角で一辺が1ミリだ。どうでえ、美しいだろ？」

「機械で切ったみたいですね」

「そばの心とはなんぞや。すなわち、挽きたて、打ちたて、そして茹でたてだ。うん、今日の気温高め、湿度ちょっと高めで打ったから、茹で時間は35秒だな」

「35秒ですか？」

　雲上は打ち立てのそばを大きな鍋に入れ、湯の中で踊っているそばをきっちり35秒ですくい、すぐさま冷水で洗うと手際よくざるに盛った。そして、ざるそばが上原の目の前に出された。いかにも香りのよいおろしたての生わさびと大根が、小さなそば猪口と一緒に添えられた。

「さあ、そば食いねぇ」

　上原は4、5本のそばを竹箸ですくうと、たれにひたして一気に吸い上げた。そばの香りと薬味、そしてこれはサバ節であろうか、濃厚なたれの味が口内に充満した。

「これってサバ節入っていますよね？」

「おっ！？　お前さん、分かるのかい？」

「僕、おそば大好きなんです。色々なおそば屋さんを知っていますが、これは最高の部類に入りますね」

第1部　成功の準備

「じゃあ、そばもっと食いねぇ」

　結局、雲上から差し出されたざるそばを、上原は一気に2枚平らげた。

「そばが分かるやつは、保険も売れる。お前さん合格だ。おせぇてやる」

「本当ですかあ？　ありがとうございます。では雲上先生、いくつか質問してもいいですか？」

「何でも聞きやがれ」

「あの、雲上先生はニューヨークでTOTの3倍売るって伺いましたが、何でまた日本でそば屋をやってるんですか？」

「ニューヨークじゃいいそば粉が入んねえんだ。それから鰹節も、サバ節もダメだな」

「あのお、そばのために日本に帰ってきたんですか」

「あったぼうよ。いくら金があったってぇな、うまいそば食えなきゃ人生意味ないぜ」

　お金よりそばが優先？　上原は、目の前の職人、いや達人にますます興味を持った。

「いまもTOTの成績を日本でやっているんですよね？」

「あったりまえだのクラッカー」

「それ、僕のおじいちゃんが使っていたダジャレですね」

「いちいち突っ込むんじゃねぇよ」

「そば屋やっていて、いつ保険売るんですか？」

「今だよ。ここはお客様のためのサルーンなんだぜ」

「サルーンて、サロンのことですか？」

「いけねぇ。ついつい英語なまりが出ちまった」

　どうでもいいが、神山エグゼが飲んで絶好調になったときに出るべらんめえ調は、雲上から伝授されたものなんだと上原はこのとき理解した。

「ここにお客様を呼んで？」

「そうさ、お世話になったお客様をお招きしてうめえそばを食べていた

33

だくんだ。ここにはなあ、お客様が世界中からオレのそばを食べにきて
くれるんだぜ」
「世界中からですか」
「まあ、一つの俺の夢の実現だなあ。そうなれば、そのお客様が元々
『びっぷ』だからな、また『びっぷ』なお客様を連れて来てくれるって
わけさ」
「雲上先生、英語なまりじゃなくて江戸弁なまりじゃないですか？」
「神田の生まれよ」
「ところで先生、どうして僕に教えてくださるんですか？」
「まあ、俺の趣味みてぇなもんだなあ。かっこつけて言わせてもらえり
ゃあ、ＭＤＲＴのメントア精神っていうやつさ」
「メントア精神って何ですか？」
「師弟関係さ。師匠が弟子にＭＤＲＴのメンバーになるまで面倒をみる。
まあ、てめえだけが売れても人間ってのはさあ、幸せを感じられない生
き物なんだよ」
「そうなんですかあ。ありがたいです」
「お前さんもＭＤＲＴ会員になってみりゃ、分かることさ。さて、素直
ちゃんだったな。望み通り特訓始めっか？」
「お願いします。僕も先生のような夢を実現したいです！」

◆成功の準備はできているか？

「よし、素直な心ならお前さん、準備はできてっか？」
「はい。でも本当に僕のような人間でも売れますかねえ。電話かければ
断られるし、やっとアポが取れてもプレゼンまでつながりません。プレ
ゼンしても『保険料をもっと安くしろ』って言われて挙句の果てには、
『ちょっと考えさせて』って引き伸ばされるんですよ」
「やっぱりお前さん、まだ準備できちゃいねぇな」
「準備はできてますよ」

第1部　成功の準備

「いや、まったくできちゃいねぇなあ」

「準備できています。お願いします」

「しょーがねぇなあ。じゃあ、水の入ったグラスがここにあるだろ」

「はい」

　雲上はテーブルに置かれたグラスを指差した。

「そんでもって、そば湯の入った湯呑があるだろ？　水の入ったグラスにこの熱いそば湯を移し替えてみな」

「そんなの無理ですよ。水が一杯入っていますから、そば湯を入れたらこぼれちゃうじゃないですか」

「お前さん、分かっているじゃねえか。俺のレッスン1。お前さんが本当に変わりたいと思うんなら、コップの中の水を捨てて空にしろってことだ。つまり、水の入ったコップはお前さんの頭の中だよ。今までの売り方や考え方でパンパンになっているその頭の中のものをすべて捨てて、赤ん坊のような気持ちで俺の話を受け入れろってことだ。素直ちゃんなんだろ？　今までのやり方じゃあ、お前さんの言う通りまったく売れなかったんだろ？」

「おっしゃる通りです」

「だったら全部吐き出して空っぽにしな。じゃあ上原！　まったく新しい会社に入ったつもりで、今日からまったく新しいやり方で活動するって約束してくれねぇか」

「はい、頭空っぽにして素直にやります」

Lesson1 のまとめ

　今までのやり方や、売り方をすべて忘れること！　今までうまくいかなかった考え方、生活習慣、売り方はすべて捨ててしまう。今までのやり方に雲上流の教えをミックスしても、成績はまったく変わらないからだ。

Lesson ② 二律背反の欲求に 決着をつけろ

◆「売りたい」「でも断られたくない」にどう決着をつけるか

「まぁーず、よく売れねぇのが相談に来るけどな、共通した勘違いがあるようだな」

「何ですか？」

「紹介のいただき方や売り方のレクチャーを教えているときは、みんな目を輝かせて聞いているんだ」

「紹介入手の方法や断りに対する応酬なんて、僕もとっても興味があります」

「そうだろうな。俺もアメリカあたりでセミナーを何回もしたぜ。MDRTのメインプラットホーム（年次総会の午前中に行われる１万人以上が一堂に集まるセッション）や分科会でもスピーチをしたけどな、どの会場でも『見込み客発見』とか『紹介入手の方法』っていうのが、一番人気があって、いつも満席だ。MDRTメンバーならこういったノウハウだけで、『すぐ効果があった。センキュー』なんてお礼を言われる。だけどな、そうじゃあねぇやつは、ノウハウだけじゃまったく結果は出ねぇんだなあ、これが」

「ノウハウだけじゃ結果が出ないんですか」

「決まってるじゃねぇか。聞いただけでまったく行動しねぇから無理なんだよ。たとえば、上原よ。バットの握り方、スイングの仕方をプロから習ってもよ。打席に立たなきゃ、三振はない代わりに、ヒットも絶対出ねぇよな」

「その通りです」

第1部　成功の準備

「人はレクチャーを聞いているときは、なあんにも変わんねぇんだ。『おおー、このやり方でやれば売れる』、『わー、このトークなら紹介もらえそうだ』なんて期待しているだけよ。そのあとまったく行動しねぇんだ。これじゃあ、聞かねぇのと同じだろ？　じゃあ何で行動できねぇと思う？」

「僕もその仲間ですから教えてください」

「トップセールスの話を聞いていると仕事をしているような気持ちになるんだなあ。でも実際に仕事はしてねぇぜ。成功も失敗もしてねぇから、成長なんてまったくしてねぇんだよ。何で行動できねぇと思う？」

「うーん。失敗したらいやだなあとか、断られたら傷つくなあとか」

「そうだ。つまりよ、**二律背反関係**があるってわけだ」

　雲上はねじり鉢巻きをちょっと締め直した。

「どういうことですか？」

「**たとえばよ、『やせたい』『でも食べたい』の関係だな**」

「ダイエットはしたいけど、おいしいものの誘惑に負けるってやつですか」

「そうよ。『**売りたい**』『**でも断られたくない**』という２つの欲求が心の中で戦うわけよ」

「なるほど。そのような場合、どうすればいいんでしょうか？」

「これを解決しないとな、どんなに売り方を習ったって、まったく変わんねぇってことになっちまう。つまりだ。お前さんの中で戦っている２つの相反する欲求に決着をつけるってことだな」

「どうすれば、決着がつきますか？」

「簡単よ。『やせたい』と『食べたい』で、結果は『やせたい』を勝たせたいとするだろう」

「はい」

「だったらよ。『やせたらどうなるのか』っていうイメージを膨らませるのよ。『食べたい』に負けるのは『やせたい』の成果を成長させて

37

えからだ。たとえば、やせたら女（あるいは男）にもてるとか、タレント事務所からスカウトされるとか、どんどんイメージを膨らませるのよ」

　ここで雲上はテーブルの上にあった湯呑を手に取ると、一気に口に流し込んだ。

「いいか上原。最近の一流企業はよ、特にアメリカなんてとこは、太っているのは就職に不利なのよ。やせて高年収の企業に採用になる。90センチのウエストが70センチ台に細くなりゃ男だっていろんな服が着られるじゃねぇか。そうすりゃあ、『食べてぇ』っていう欲求が『やせたい』欲求に完全に勝っちまってよ、むしろ『食いたくねぇ』ってなっちまうわけだ。他人がこれを見ると『お前意志が強ぇなあ』という評価になるわけよ」

「なるほど」

「意志が強ぇえんじゃなくて、彼にはただ『やせたい』から『食べない』だけなんだよ」

「したいからやっている、だけなんですね」

「そうよ。すなおちゃんよ、保険が売れて収入が上がったらどうなりてぇんだ？　ただ『売りてぇ』って思っているだけじゃダメだな。お前さんどうなっていたいんだい？」

「そうですね。僕としてはサクセス生命のハワイのコンベンションにどうしても妻と両親たちを連れて行きたいんですよ」

「**そしたら、ハワイのコンベンションに行って奥さんや、ご両親をお連れしたときのイメージを大きく育てるんだ。夢は想像の力を借りて膨らませなきゃならねえ**」

　——夢は見るだけでなく、育てるのか？

　上原は『今までアポを取らなければいけない』『でも断られたくない』の二律背反の欲求に苦しめられてきた。これからは、本当に達成したい欲求を育てればいいのだ。想像の力を使って。今まで自分を苦しめていたなぞが少しだけ解けた。雲上のレッスンは新鮮だ。

第1部　成功の準備

> **Lesson2 のまとめ**
>
> 　想像の力を使って夢を育てる。二律背反の欲求に決着をつけるのは、要らない方の欲求は置いておいて、実現したい欲求を育てることにある。よりリアルに実現したいことが完成したイメージを作ること。これに時間を割くことが大事だ。

◆夢は夜ひらく？

　さらに、雲上の刺激的なレッスンが続く。

「二律背反の他に、もう一つ大事なことがある」

「何でしょうか？」

「夢は夜ひらくーって歌知ってっか？」

「すみません、知りません」

「すまねぇ。ちと古すぎた。宇多田ヒカルのお袋のヒット曲よ。藤圭子だ。まあそんなことはいいや。つまりよ、夜はイメージの倉庫の潜在意識が一番敏感になる時間帯だっていうことだ」

「潜在意識が敏感ってどういうことでしょうか？」

「簡単に説明するなら、人の心の構造は『自分で意識できる心（＝実在意識）』と、『自分で意識できない心（＝潜在意識）』という２つの心の領域があるというわけだ」

「僕の心にも２つの心の領域があるわけですか」

「そういうことだ。自分で意識できる実在意識なんつうもんはな、お前さんの心のたった５％でしかないんだぜ。残りの 95％も占める潜在意識の使い方も知らねぇで、大概の人間は、たった５％の力で自分の限界を簡単に作っているわけだ」（**図表１**）

「実在意識はたった５％ですか。でも 95％の潜在意識はどうやって使ったらいいんですか？」

「潜在意識は、普段は壁があってなかなかコントロールできねえ。でも

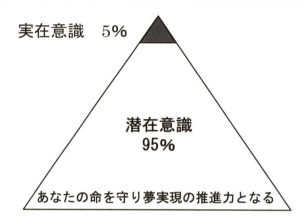

図表1　あなたのすべてと感じている実在意識はたった5％

なあ、この潜在意識に入り込める唯一の時間帯が、夜眠くなる時間帯なんだよ」
「だから『夢は夜ひらく』、というわけですか？」
「ちと、その歌の件は忘れてくれ。じゃあここで、潜在意識を味方につける方法を教えてやろうか。いいか、人間の持つ暗示が一番敏感な時間帯、つまり、夜の寝る前だ。この時間帯にな、潜在意識に自己暗示をかけるんだ」
「自己暗示ですか？」
「他人からの暗示で一番強烈なのが、催眠術だ。普段はいうこと聞かねぇ潜在意識はな、半分眠った状態のときにコントロールできるわけよ。よくあるじゃねぇか。心理療法といって催眠療法をやっているのを」
「なるほど。赤面症やあがり症の人が催眠療法で治るというのを聞いたことがあります」
「だからよ、他人に高い金払って暗示かけてもらう代わりに、自分で夜寝る前にいい暗示をかけるのさ。そうすりゃ、95％の潜在意識を味方にできるってことよ」
　上原は雲上の話を興味深く聞いていた。

第1部　成功の準備

「雲上先生。そもそも潜在意識ってどういう役割をするんですか？」

「グッドクエスチョンだぜ、ミスター上原。潜在意識はな、広ーくて、深ーい、倉庫のようなもんだ。今までの経験や情報、知識が詰まっている。潜在意識てぇのは、本来は人の命を守るためにあるんだな。人が実在意識で何か考えたり、しようとするときは、潜在意識に入っている情報や過去に経験したことが、実在意識にぷわーと出てきては働きかけるんだ。残念ながら、お前さんの潜在意識に入っているもんがほとんどネガティブな情報や経験なもんだから、実在意識でやりてぇって思っても潜在意識がブレーキをかけてしまうってぇことだ」

「どうしてネガティブな情報や経験ばかり入ってくるんですか？」

「世の中の情報の90％はネガティブっていうことだ。だからよ、せっかく俺のレッスン聞いたって、実際に行動を起こそうとしたらすぐ潜在意識にブレーキを踏まれちまうってこった」

「それじゃ困ります。どうすればそのブレーキを解除できますか？」

「それをこれから教えてやるよ」

Lesson ③ 潜在意識の大掃除

「それじゃあ、今晩からはじめる『潜在意識の大掃除』について教えてやるかな」

「潜在意識の大掃除ですか、ちょっと難しそうですね」

「お前さん、話を聞く前にもうネガティブじゃあねぇか」

「ああ、すみません」

「ってな具合いにな、ついついネガティブな言葉が出るのも潜在意識にあるゴミ、つまりネガティブな情報が詰まっているってぇ証拠だ。その掃除を今晩からやるんだぜ」

「はい」

41

◆寝る前にネガティブな情報は入れるな

「まず、夜寝る前にニュースは見ちゃいけねえぜ」

「えっ？　ニュースをですか？」

「そうだ。ニュースの90％は、『事故で死んだ』『人が殺された』『不景気の指標が出た』なんていうネガティブな情報ばかりだ。そんなのを毎晩見たり聞いたりしていたら、お前さんの潜在意識がますますネガティブになっちまう」

「なるほど」上原は頷いた。

「それと夫婦喧嘩もよくねえな。親子喧嘩なんてもってのほかだぜ。いいか、この潜在意識が敏感な夜の時間帯はリアルな楽しいイメージを膨らませるんだ」

「リアルな、楽しいイメージ、ですか？」

　上原は納得いったような、いかないような表情を浮かべた。

「ところでお前さん、夜はちゃんと寝てるか？」

「実は……」と上原はうつむき加減に答えた。

「実は、どうしたぁ？」

「この2年間ベッドで寝たことがないんですよ」

「いったいどこで寝てやがるんだい？」

「ソファでビール飲みながら、先生がおっしゃる見てはいけないニュースを見て、『明日のアポがない、これからどうしよう』って悶々として、気が付いたらそのままソファか床の上で朝を迎えるっていう毎日です」

「なんだってぇ？　ところでお前さん、おかみさんはいるのかい？」

「はい」

「そいつぁ大変だ！　それじゃあベイビーの可能性もなくなっちまう。いやあ、念のために確認しておいてよかったぜ。いいか。夜の時間と睡眠がお前さんの健康とビジネスの成功にどれだけ重要なことか、分かってねえようだな。まず、今晩から寝る前は、とにかくお前さんが、本当

第1部　成功の準備

に達成してえ夢のイメージをリアルに作れ。これは次回の宿題だ」

「は、はい」

「リアルがいいぜ。想像だけじゃだめだ。写真とかビデオ映像がいいな。その写真や映像を見たらとにかく心ウキウキわくわくどきどきーってえのがいい。ただし、夜のニュースは禁止だぜ。いいか」

「分かりました」

「つまらねぇネガティブな情報をただでさえ敏感な夜に見るもんだから、お前さんの成功にブレーキをかけちまうネガティブな情報が、潜在意識の中にビシビシ溜まっちまうってもんだ」

「ニュースはやめて、暗示の敏感な時間帯に夢が達成したリアルなイメージを想像するんですね」

「ザッツライトだ。そしてミスター上原、今晩から必ずベッドで寝るんだ。ソファや床の上は厳禁だ、分かったか」

「それで、その潜在意識が大掃除されるんですか？」

「そうだ、実に簡単だろ？　夜寝る前はウキウキするリアルなイメージを見てそのまま床に入る。そうするってぇと、潜在意識に入っているネガティブな情報が、ありがてえことに綺麗さっぱり出てっちまう。代わりにウキウキわくわくのイメージが潜在意識に入ってくるってわけだ」

「そんな簡単に入れ替わるものなんですか？」

「おうさ。ナチュラルオルタネーション、つまり自然代替作用ってやつだ。お前さんの成功に不必要なものは、必要なものに短期間で入れ替わる。今までお前さんの成功を阻んできたゴミ。潜在意識に何十年も貯めたネガティブな情報も、これを真剣にやりゃあ、早ければ数週間、遅くても数ヵ月で大掃除ができちまう」

「本当なら、素晴らしいですね。何十年も貯めた心の汚れがわずか数週間から数ヵ月で綺麗になるなんて」

　上原の目が輝きを増し始めた。

「心を赤ん坊のように素直に信じろってぇ言っただろ。素直に真剣にや

43

るんだぜ。素直に真剣にやるやつほど、成果が早い。この潜在意識の大掃除をしないで、売り方だけのセミナーを受講したり、高額な目標設定プログラムを購入したりしても、ブレーキとアクセルを両方踏み続けることになるのよ」

「まさに僕のやっていたことですね。だから成果が出なかったのか」

「俺も過去になあ、教え子たちに目標設定の仕方や売り方だけを教えていた時期があるんだよ。ＭＤＲＴメンバーの連中はそれだけでも十分成果が出たんだけどな、お前さんみたいに初めからうまくいかねぇ仲間は、この心のレッスンが必要だったわけだ」

「その通りです。ついつい売り方とかマーケットの作り方というノウハウを求めてしまうんです」

「たしかに、売り方やマーケットの作り方は絶対必要だぜ。だけどな、この潜在意識の大掃除をやってから目標設定プログラムとかやれば、努力は楽しいっていう話になるんだ。分かるだろ？」

「今まで、頑張りたいのに頑張れないことで悩んでいましたから良く分かります」

「いいか、大事なのはこれからだ。寝床に入って、嫌な思いをしたことや、過去の辛い経験を思い出したりするのが、人間だ。だけどな、出てきても相手にするなってことだ。出てきたら努めて楽しいイメージをオーバーラップさせてさっさと寝ちまう。ネガティブな情報が入ってきても、毎日こんな簡単な方法で心を洗い流すんだ。これが今晩からの課題だ」

◆リアルなイメージ作りをしろ

　数日後、今日も上原は雲上のそばを頬張りながら報告をしている。

「どうでぇ。リアルなイメージ作ったかあ」

「はい、聞いてください。神山エグゼにハワイの表彰式に絶対行く決意を話したら、表彰式のビデオと受賞したメダルをお借りすることができ

ました。それで毎晩、妻と表彰式のビデオを一緒に見ることにしました」

「おお、なかなかリアルなイメージ作りじゃあないか。もっとそのイメージを育てるといいな」

「はい、ビデオで神山エグゼご夫妻が役員からメダルをいただくシーンがあるんです。そこで、私もビデオを見ながらお借りしたメダルを、そのタイミングで首にかけるんです」

「うーん。かなりリアルだなあ。言葉の力はどうした」

「はい、ビデオを見ながら舞台の上で、腕を上に突き上げて『やったー』って言います。そして、メダルは首にかけたまま、そのまま寝ます」

「おかみさんは、お前さん見て何か言ってるか？」

「ええ。『何かあなた、変な宗教にはまったんじゃないの』って」

「そうさな。おかみさん、俺のレッスン知らねえもんな。お前さんがメダル首にかけてそのまま手でも合わせて寝りゃあ、こりゃあやっぱ変な宗教って言われても仕方ねえなあ。ヒャアハハハッハ」

　雲上は、そばを打つ手を止めて大笑いしている。

「雲上先生がおっしゃったんで、真剣に考えたリアルな映像ですよ」

「笑っちまってごめんよ。いやーあ、愉快だ！　お前さんいいセンいっているぜ。かなりそりゃあリアルだな。それで、ベッドで寝ているか？」

「２日に１日はベッドで寝ています」

「まだ、そんなこと言ってやがる。毎日寝床で寝るんだぜ。習慣は第２の天性っていうんだ」

「分かりました。毎日ベッドで寝るようにします。そしてリアルな想像も続けます」

「よしきた。潜在意識の大掃除をしっかり習慣化するんだぜ。じゃあ次のレッスンに入るぜ」

「ありがとうございます」

> **Lesson3 のまとめ**
>
> 　潜在意識の大掃除を今晩から即実行すること。夜はニュースを見ない。ニュースの９割はネガティブ情報だからだ。寝る前は成功が完成したポジティブなイメージをリアルに見て、そのまま寝てしまう。自分の手に入れたいリアルな映像を準備すること。その際、より具体的なものほどいい。そして寝床にはネガティブな問題は持ち込み厳禁。ウキウキわくわくのイメージを持って朝を迎える。
>
> 　これで自分の成功にもう一人の自分がブレーキを踏んでいた原因が消えていく。潜在意識の大掃除をしないで、目標設定プログラムやモチベーション研修を受けてもブレーキとアクセルを同時に踏んでいることになる。すべてのレッスンに優先して潜在意識の大掃除を毎晩寝る前に必ずやることが大切。

Lesson 成功の準備

◆毎朝、アファーメーションを行うこと

　上原が雲上のもとにやってきた。今日はレッスン４である。
「さて、レッスン４は朝だ。今日一日の成功するための準備をするんだ」
「成功の準備ですか」
「そうだ。前の晩に潜在意識の大掃除をやってクリーン＆わくわく状態になっている潜在意識に宣言するんだ。今日一日、徹底的に積極的な精神でどんな場合でも強さを弱めないぞっていう決定的な宣言を心に与えるってわけだ」
「決定的な宣言と言いますと？」
「そうさな。英語では"アファーメーション"、つまり自分との約束っ

ていうことだな。たとえば、成功するには3人の面談を確実に行ってい
くという絶対的な宣言をすることだ」

「つまり3人の面談をするという誓いを立てることですか？　誓いをし
てもなかなかその通りにいかないんですよね」

「ほとんどのやつは計画通りにできねぇんだ。あの人にアポを取って、
あの人から紹介をもらって、あの人から契約を必ずいただくって、目論
見はほとんど中途半端で終わっちまう。時間がねぇとか、することが多
いといった言い訳をつけてな。なんでこうなっちまうか分かるか？」

「分かりません。今までの私とまったく同じですから」

「理由はな、計画をしても実行に移すときに、単にフワーっていう気持
ちで行動しちまうからよ」

「何でフワーっていう気持ちでやってしまうんですか？」

「つまりな、感情で事を始めてしまうってことだ。『やるぞ、オー』な
んて感情でことを始めちゃあ、気分次第でできたりできなかったりする
だろうが」

「その通りですけど、じゃあ感情じゃなくてどうすれば確実に実行でき
ますか？」

「感情を超越した『意志の力』を使うのよ」

「『意志の力』かあ。でも僕、意志弱いんですよね」

「てやんでえ。人間本来の意志はな、だれでもみーんな強えーんだよ」

「皆、意志は強いんですか」

「そうだ。本当の意志の強さを発揮するために潜在意識の大掃除をやり
続ける必要があるわけだ」

「なるほど」

「成功のイメージを膨らませて、ブレーキをかけている消極的な心を追
い出しちまうんだ」

「そうすると、本来の意志の強さが発揮できるわけですね」

「ザッツライト。上原。本来意志の力は人によって強えぇとか弱えぇと

47

かはないんだぜ。感情で頑張ろうなんて思うのはちょうど、手回しの発電機でモーターを回しているようなもんよ。気分でうまく回ったり、気乗りがしねぇとギッコンバッタンとモーターが回る」

「分かりました。朝は夜イメージしたことをさらに膨らませて、言葉に出して絶対的な宣言をするということですね」

「その通りだ」

Lesson4 のまとめ

　朝はクリーンになった心で今日一日の行動計画を立てる。そして計画を行動に移す前に計画を貫徹することを宣言する。行動は感情ではなく、人間の持つ本来の意志の強さを使う。すなわち、ウキウキわくわくのイメージを膨らませて、努力は楽しいものだと潜在意識に叩き込むこと。そうすれば、頑張るのではなく、やりたくて計画を貫徹することができる。潜在意識に良いイメージをインプットすることが強い意志を発揮することなのだ。

Lesson ⑤　MDRT入会の方程式

◆1日3面談のアポ取りとは

「ところで上原、トニー・ゴードン*って知ってるか？」

「知ってます。雲上先生みたいな保険の神様みたいな人ですね」

「トニーくんも俺の弟子なんだぜ」

「エーッ？　トニー・ゴードンも雲上先生の弟子だったんですか？」

「じつはあの子も何回もこの業界から去ろうとしてたんだぜ」

「そうなんですかぁ？　信じられませんけど」

第1部　成功の準備

※トニー・ゴードンは英国人。ＭＤＲＴの６倍の成績のTOT（Top of the Table）会員を 30 年以上続けた生命保険業界のスーパースター的存在。2001 年にはＭＤＲＴ会長をつとめる。「成功はチャンスではなく、チョイスだ。誰もがその選択をして成功をつかむことができる」（「It Can Only Get Better, Tony Gordon's Route to Sales Success　もっとよくなれる。トニー・ゴードンのセールス成功への道」）は世界各国で翻訳されている。

「トニーは高校を卒業して、おもちゃ屋のチェーン店に入ったんだが、23 歳になったときやんなってやめちまった。それで学歴に関係なく、給料が良くって、転勤なし、なんてべらぼうな希望で仕事を探したんだ。そして、こんなチラシのキャッチが目に留まった。『学歴不問。未来を変える仕事がここにある。業績によって給料は青天井。金融関係、転勤なし。地域に密着してお客様と、お金のコンサルティングをし続ける仕事です』一番怪しい求人広告だろうが」

「私もどこかで見たような気がする求人広告です」

「これが生命保険の研修生の募集広告だったってぇわけよ。周りの連中は生命保険のセールスなんて、とても無理だから止めろって言ったんだけどな、彼は飛びついた。自分の求めていた仕事はこれだって言ってな。だけどよ、ビリケツで高校卒業して、おもちゃ屋のチェーン店も勤まらずに 23 歳で辞めちまったやつが、生命保険のセールスで簡単に成功したと思うかい？」

「苦労したんですか？」

「あったぼうよ。７年間パンと家賃、駐車場代払っちまったら、なあんにも残らねぇ生活よ」

「７年もですか？」

「おおよ。５年目にな、またサラリーマンに戻ろうと思ったんだが、サラリーマン行きの橋が焼けちまって戻れねぇことが分かったんだぜ。このあとかな？　俺との運命の出会いがあったのは」

「雲上先生はイギリスにも行ったんですか？」

「おお！　イギリスのMDRTの仲間がな、俺にロンドンに遊びに来いって言うんで、ついつい行っちまった。そしたら、1日くらいセミナーやってくれって言うじゃねぇか」

「そこにトニーが来たんですね」

「そうらしいな。『ロンドンにニューヨークから来たMDRTの達人のセミナーがある。セミナーが役に立たなかったら僕がセミナー代と交通費を払うよ』なんてトニーのダチのありがてぇ誘いで、渋々俺のセミナーにやって来たんだぜ」

「その話、トニーの本に書いてありました。ロンドンでやったMDRTの講師って雲上先生だったんですね」

「驚いたか？　へへへっ。実は、そのセミナーは伝説のセミナーって言われているんだぜ」

「トニーが人生大逆転のきっかけになったセミナーですね」

「おお。あいつだって最初は、上原とおんなじ普通以下のセールスだった」

「確かにフツウイカですよ」

「まあ、すねるなって。やつの本には書いていないけどな、その後彼は俺の個人レッスンを受けていたんだぜ。あいつがあのセミナーから覚悟を決めて本気で毎日3人のアポイントを取ったんだ」

「本気で3アポですか？」

「そうだ。いいか、ここからが大事だ。MDRT会員に100％なれる方程式だ。よく聞いておけ。毎日3面談をする。その目的は新規のアプローチか紹介入手だ。1日3面談として月曜日から金曜日まで15面談したとしたら、何人がプレゼンテーションまで進めると思う？」

「半分、くらいですか？」

「そんな、無理する必要はないぜ。メジャーリーガーだって3割でリーディングヒッターだろ？　1週間に4人から5人のプレゼンに進めりゃいいってことだ。つまり1日に3打席立ってヒット1本打てりゃあ、お

第1部　成功の準備

前さんも立派なメジャーだ」

「３割バッターかあ？」

「トニーはよ、それまでは毎日成功の準備もしねえで、ただ漫然と人に会っていたんだ。当然に成果が出るわけぇねんだ。そこで毎日３面談でそのうちの１件は次のプレゼンに進めることを決めて行動したんだ。そうしたらな、毎日が今までとはまったく違う、いい緊張感で行動できるようになったそうだ」

「そうか、これが準備と計画なんですね」

「そうだ。１週間に４、５件のプレゼンができればそのうち何件クロージングできるか？　ただし、金額は気にしねぇでいいんだぜ」

「金額を気にしなければ、２件の契約は決まりそうですね」

「そうだろ？　問題は１件当たりの金額が月払いペースでいくらにできるかだ」

「でも、なかなか単価上げるのは難しいんですよね」

「単価の上げ方は、教えてやるから心配するな。たとえばな、１件３万円できれば週６万円ということだな。そうするとだ、６万円×50週×12ヵ月＝3,600万円となる。ほら、机の上ではＭＤＲＴの入会基準をクリアできるってわけだ」

「あとは、机上の空論をどこまで現実にもっていけるかということですね」

Lesson5 のまとめ

　毎日３アポ（＝３面談）を実行する。その面談も漫然と人に会うのではなく、３打数１安打必達の覚悟で会うこと。３面談のうち１件は必ず次のアポ（＝プレゼン）につなげることを誓って行動することが大事。そうすれば、毎日が良い緊張感で活動することができるようになる。

51

Lesson ❻ リストアップ

◆結婚式の招待客は敵？　それとも味方？

「続いては、リストアップと電話アポだ。いよいよ具体的なノウハウに入るぜ」

「待ってました！」

「行動を開始するためには、見込み客リストが必要だ」

「見込み客リストですか？」

「あったりめえじゃねぇか。欧米では、"We live on the list." っていうくらいだぜ。つまり今日、生きていられるのはありがてぇ、お客様のリストがあるからだ、って意味だ。ところでお前さん、何人のリストを持っているんだ？」

「いやーほとんど、出尽くした感じです。20人残っていればいいんじゃないかなあ」

「何？　20人だってぇ？　人生33年も生きてきて、知り合いがたった20人ってこたぁねえだろ？」

「ベース（イニシャル）マーケット（自分の親戚、前職の仲間、顧客等この仕事を始める前に人間関係ができているマーケット）はほとんど回って断られましたし、紹介も出ないので、本当にリストは少ないんです」

「お前さん、結婚式やったか？」

　突然雲上に聞かれて、上原はどういう意味か理解できないでいた。

「はあ、一応やりましたけど」

「じゃあ、お前さんとおかみさんの招待客合わせて何人呼んだんだい」

「120人ぐらいだったと思いますが」

「うぉー！　結構盛大じゃねぇか。じゃあよ、その120人全員カップル

で来てたか？」

「いえ。シングルもいましたし、結婚していても、片方で来ていただいた人もいます」

「てぇことはだな。シングルだった人もそのあと結婚したのもいるだろ？　そうするってぇとアバウト、倍の240人はベースマーケットのリストに入ることになるな。まさか、240人すべてにアプローチしたっていうんじゃないだろ？」

「はあ。結婚式に呼んだ人たちは、あまりアプローチをしていませんね」

「ほら、見てみろ！　行くとこあるじゃねえか。結婚式に呼んだお客様ってえのは、お前さんにとって敵か？　味方か？」

「そりゃあ、味方ですね」

「そうだろ？　上原夫婦の門出を皆で祝ってくれた大切な味方だろうが？　だったら、『サクセス生命の話、一度夫婦で聞いてください！』って頼んだら会ってくれるんじゃねぇのか」

「そう、ですね」上原は怪訝そうな表情を見せた。

「いいか上原。リストアップの仕方はな、保険に入ってくれそうな人をリストにしようとするから20人しかいなくなっちゃうんだ」

「あっ、なるほど」

「もしもだよ。お前さんだけのスマホにな、政府から極秘情報が間違って入っちまったとする。1ヵ月後に東京直下型の地震が、99％の確率で起きるって情報だ。さあ、何人に教えようと思う？　信じてくれるかどうか分からねえが、とにかくその情報を伝えてぇって思う人は何人いる？」

「信じてくれるかどうかは、分かりませんが、1人でも多くの人に教えてあげたいです。伝えたいです」

　雲上はそれを聞いてほっとした表情を浮かべた。

「もしお前さんが、おかみさんやご両親、兄弟だけにしか伝えねえっていったら、保険の仕事は向いてねぇって言ってやったところだ。いいか、

保険に入ってくれそうな人のリストじゃねぇんだよ。上原の知っている人の中で、将来リスクが生じそうな情報を伝えておきたい人のリストをアップするんだ」

「そうか？　リストアップをするとき、この人は保険に入ってくれそうか、そうでないか、なんて考えているから、リスト数が増えないのか」

「その通りよ。何が困るのか、何を伝えるのかはこの後のレッスンで教える。まず伝えたい人のリスト、すなわち、お前さんの知っている人すべてのリストアップをするんだ。そしたら、数百人はリストアップできるはずだぜ」

「分かりました。何かリストを増やせそうな気がしてきました」

> **Lesson6 のまとめ**
>
> 　保険に入ってくれそうな人をリストに上げようとすると、リストは増えない。将来困る情報、話を今伝えたいすべての人のリストを今すぐ作ること。すでに結婚している人でも、結婚式にあまり招待しなかった場合でも、招待したかった人すべてが対象となる。結婚をこれからする人なら、結婚式に呼びたい人すべてがリストの対象といえる。そうすれば数百人の話を伝えたい人のリストが出てくるはずである。

Lesson 電話アポイント

◆ご自宅でご夫婦揃って会っていただく

「さあ、リストができたら、次は電話をかけるレッスンだ。っとその前に、イメージトレーニングだ」

第1部　成功の準備

「電話する前にもイメージが大切なんですね？」

「そうよ。次に電話を受ける方がにこやかに笑って、アポイントに応じてくださる顔を想像するんだ。『これから電話する人からアポイントが取れた！』と声にするんだ。電話アポはな、座ってねえで、立ち上がってリストの上からどんどん電話をかけるんだ。考え込んでもしょうがねぇだろ？　どうせリストのはじめの方は上原の比較的親しい人たちが載っているんだろうからな」

「その通りです。でも、何といって電話したらベストですか？」

「ベストっていっても分からんが、ポイントはな、夫婦で会って話を聞いていただくことにイエスをもらうことだ。詳しい話を電話でするんなら、わざわざ会う必要なんてないだろ？」

「会って話を聞いていただくことにイエスをいただくんですか？」

「そうだ。たとえばそのリストの一番が伊藤さんなら、枕のあいさつはお前さんに任せるよ。頃合い見計らってな、『ところで**伊藤さん、サクセス生命の話聞かれたことありますか？**』って切り出すんだ。生命保険の話を聞いてほしいなんていうと、相手も緊張しちまうからな。大概は『聞いたことない』って言うから、そしたら『**伊藤さんお聞きになったことがないなら、一度サクセス生命の話を聞いていただけないでしょうか？**』って進める。これがポイントよ」

「でも『保険の話ならいいよ』『保険は入ったばっかりだから』とか言われてしまうことが多いんですが？」

「ポイントは2つだ。反対は当然されることを前提に、ちゃんと事前準備しておかなくちゃいけねえ」

　そういって雲上は、一枚の紙を取り出して上原に渡した。

55

それは、ご心配いりません
そういったお気遣いは必要ありません
まったく大丈夫です
平気です
お話を聞いていただくだけで結構です
お話を聞いていただいたからといって、サクセス生命に加入しなければならない、義理や義務はまったくございませんから、どうぞご安心ください
きっとご参考になる話ができると思います
山田様ご夫婦の将来にきっとお役に立てると思います

　紙には、ずらずらとこんな類いのフレーズが書いてある。

「シンプルだろ？　最初はこの紙見ながら『反対』にやさしく、熱意を持って応酬するんだ」
「こんなので、アポイントが取れるんですか？」
　ここで、雲上の目がきらりと光った。
「お前、サクセス生命の直ちゃん知ってっか？」
「直ちゃんってどなたですか？」
「直ちゃんっていったら山田直人ちゃんよ」
「ああ、あの伝説の山田さんですね？　なんか、毎日契約を取るっていう人ですよね？」
「直ちゃんも俺の弟子だぜ」
「さすが雲上先生。ほとんどのスター選手は先生のレッスンを受けているんですね」
「直ちゃんも最初の1ヵ月は同期入社30人中ビリから2番目だった。『ブービーな僕』なんて今は謙遜して言っているけどな、直ちゃんも最

初は相当苦労したんだぜ」

「あの山田さんもですか」

「あたぼうよ。朝『行ってきまーす』って出かけても、公園で車停めて、夕方までぼーっと過ごして事務所に帰って来るってことやってたんだぜ。信じられるか？　リストも30人位しかなかったのよ。それでな、『リストに電話をかけてみんな断られたら、行くところがなくなっちゃう』って言ってビビッて電話もろくにかけなかったんだぜ」

「今では信じられない話ですね」

「それで、俺の所に来たってわけよ。俺はな、言ってやったよ。『とにかく、この30人のリストに片っ端から電話しろ。お前さんみたいなイイやつが、『サクセス生命に転職したんで、サクセス生命の話を聞いてください』って頼んでも、会って話も聞いてくれないんだとしたら、そいつはお前さんが思っているような、友達でも知り合いでもねえ。二度と電話しなくていいぜ。リストに線を引いちまえ。だからさっさとシロクロ付けちまいな』てね。そしたら、踏ん切りが付いたのか、一度断られたら二度と電話しなくていいって思ったら、気が楽になったみてえだ。結局さっき渡したあの魔法のフレーズを自分のものにして、**『ご安心ください。そういったお気遣いは要りません。お会いしてお話を聞いていただくだけで結構です』**が実にスムーズにアポの電話で出るようになったってわけよ」

「それで、山田さんはどうなったんですか？」

「240件、2,400万円の初年度手数料を稼いだんだぜ。もちろん、同期でぶっちぎりのトップよ」

「ひゃー。ブービーがぶっちぎりでトップになったんですか？」

「さあ、上原もクヨクヨくだらねぇこと考えていねぇで、さっさとロールプレーをやるぜ。早速、このフレーズを自分のものにしてみろ」

面識の少ない人にはいきなり電話をしてもアポになるのは難しい。事前に手紙を出して手紙が届く頃に電話をする必要がある。であるから、人間関係のできている仲の良い人から電話をするのである。このロープレも雲上と上原は仲の良い人間関係ができていることを前提にしている。

「もしもし、雲上さんですか？」

「あー。雲上ですが」

「着物でお世話になった上原です。雲上さん、私、呉服屋をやめてサクセス生命保険に転職したんです」

「えっ？　呉服屋やめたの？」

「はい」

「もったいなかったんじゃないの。またどうして？」

「私は、着物の営業も好きだったんですが、訳ありましてサクセス生命に入りました」

「サクセス生命ってあの保険会社？」

「そうです」

「呉服屋から保険屋さんねえ。ずいぶん畑違いじゃないの」

「はい、呉服を売るのも好きだったのですが、保険の本当のすばらしさをお伝えしたくて転職したのです」

「ええっ！？　でも保険の営業って大変なんじゃないの？」

「いいえ。楽しく仕事をさせていただいています。ところで雲上さん！サクセス生命の話をお聞きになったことございますか？」

「いや、ないけど」

「ぜひ一度、サクセス生命のお話を聞いていただけないでしょうか？」

「悪いけど生命保険は入ってるからいいよ」

「ぜんぜんご心配要りません。サクセス生命のお話を聞いたからといって、サクセス生命に加入しなければならない義理や義務はまったくございませんから」

第1部　成功の準備

「君だって営業なんだから、話だけ聞いて仕事にならなかったら時間のムダじゃないの？　お役に立てないと思うよ」
「そういったお気遣いはまったく要りません。私がお役に立ちたいんです。雲上さんご夫婦の将来に必ずお役に立てるお話をさせていただきたいんです。ぜひ一生に一度、お話を聞いていただけないでしょうか？」
「お役に立てる話って何なの？」
「詳しくは、お会いしてお話したいんですが、将来の厚生年金等の社会保険の情報もございます」
「難しい話は苦手だよ」
「そんな難しいお話ではありません。簡単でお役に立てるお話です。それと最近ガソリンが値上がりしましたよね」
「ガソリンが安くなる話？」
「いえ。ガソリンは安くできませんが、ガソリンの値上げに負けない、賢いお金の貯め方とかに関心はありませんか？」

「ひょっとすると安くなるかもしれません」という冗談も入れて和やかにする方法もあるんだぜ。

「まいったなあ。じゃあ会社に来てよ。少しだけなら時間取るから。どのくらい時間かかるの？」

人間関係ができているから断られないんだぜ。

「1時間くらいです」
「えっ？　1時間も？　じゃあ、明日なら会社の社員食堂で昼飯でも食べながら話を聞くよ」
「できましたら、仕事の話なので……」

「ああ、分かったよ。会議室で一生に一回の話を１時間聞いてあげるよ」
「はい、ありがとうございます。でもせっかく雲上さんの貴重な時間を１時間いただけるのでしたらご自宅で、ご夫婦でお話を聞いていただきたいのです」
「ダメダメ。自宅にいきなり来られてもね」
「お金の話ですし、雲上さんの個人情報のお話にもなるかもしれません。一度だけで結構ですから１時間お時間をとっていただきたいのです」
「えっ？　自宅じゃないとダメなの？」
「ぜひ、一生に一回だけ、将来のご夫婦にお役に立てる話をさせていただきたいんです」
「うちのかあちゃん、難しい話苦手だからなあ」
「むしろお金のお話ですので、奥様の方がご関心を持って聞いていただけると思います」
「うちまでわざわざ来てもらって、契約もしないで上原さんがしょんぼり帰るのを見たくないからなあ」
「雲上さん、そんなご心配はまったく要りませんから。ご夫婦にお役に立てるお話を、私が一所懸命させていただく、ただそれだけ、まずはそこからさせていただきたいんです」

　ここんとこ、熱く語るんだぜ！

「まいったなあ。本当に話だけでいいんだね」
「はい、お話を聞いていただくだけで結構です」

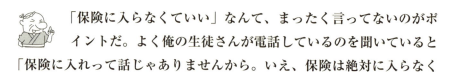「保険に入らなくていい」なんて、まったく言ってないのがポイントだ。よく俺の生徒さんが電話しているのを聞いていると「保険に入れって話じゃありませんから。いえ、保険は絶対に入らなく

第1部　成功の準備

ていいですから」というフレーズはまずいぜ。我々の仕事は結局、保険に入ってもらうことなんだからな。潜在意識の大掃除からやらないと、保険を売るのが罪であるというおかしな意識が出ちまうから注意が必要だ。

「まいったよ。じゃあ、いつにする」
「はい、私は、お客様にお会いする時間を 10 時、1 時、4 時にお約束を入れさせていただいています。できましたら平日で、代休とか有休を取られる日はございませんか？」
「今月は、平日はダメだなあ」
「では、今度の土曜日の 13 時にご自宅で 1 時間いかがでしょうか？」
「ほんとに役に立てないのにいいの？」
「**はい、平気です。まったくご心配されないでください。**土曜日の 13 時でよろしいですね」
「君にはまいったよ。じゃあ、来るだけ来たら？」
「ありがとうございます。ではご自宅に今度の土曜日の 13 時に伺います。2、3 質問していいですか？」
「何かな？」
「**具体的な資料を作っていきますので、雲上さんの生年月日を伺ってもいいでしょうか？**」

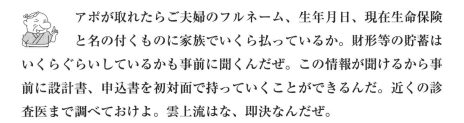
　　アポが取れたらご夫婦のフルネーム、生年月日、現在生命保険と名の付くものに家族でいくら払っているか。財形等の貯蓄はいくらぐらいしているかも事前に聞くんだぜ。この情報が聞けるから事前に設計書、申込書を初対面で持っていくことができるんだ。近くの診査医まで調べておけよ。雲上流はな、即決なんだぜ。

61

> **Lesson7 のまとめ**
> 　山田直人流のキーワード「まったくご心配要りません。平気です。大丈夫です。お話を聞いていただいたからといって、保険に入らなければいけないという義理や義務はまったくございませんので、どうかご安心ください」このキーフレーズを使って熱くアポを取るようにする。このアポイントのロールプレーをしっかり練習することが大事。

　どうでぇ？　これでも約束をいただけない方は、もう二度と電話をしないでいいんだ。リストに線を引け。そして次のアポを取るんだ。どうしても「会社でしか会わない」って言われた場合でもオーケーだ。雲上流では、とりあえず会社に行って10分間アプローチの話をするんだ。そして次回、ご自宅で、ご夫婦で話をさせてもらうことにイエスをもらえればもちろんオーケーだ。

Lesson 8　絶好調ハガキ

「上原よう。うまくなったじゃねぇか。今回のロープレは非常にさわやかだ。きっぱりして、きつい感じも受けないし、弱々しくもねぇ。よし、この調子で実際にアポを取ってみろ！」
「はい、ありがとうございます」
「補足だがな。断られた人のリストは、抹消するんじゃねえぞ」
「でも二度と電話しなくていいって言ったじゃないですか」
「電話はしなくていいが、暑中見舞いと年賀状は出しておく必要があるんだよ。断られてもいずれは、お前さんのお客様になる確率が3割くらいというＭＤＲＴのデータもあるんだぜ」

第1部　成功の準備

図表2　絶好調ハガキ

謹賀新年

おかげさまで昨年も
元気　元気　絶好調で仕事をさせていただきました。
これもひとえに皆様の温かいご支援のおかげでございます。
おかげさまでお客様が300名を超えました。
感謝いたします。ありがとうございます。
今年も皆様の幸せな人生実現のため、全力で走ります。
皆様も今年一年、絶好調でご活躍ください。

サクセス生命保険　上原　素直

暑中お見舞い申し上げます。

おかげさまで暑い日が続きますが、
元気　元気　絶好調で仕事をさせていただいております。
これもひとえに皆様の温かいご支援のおかげでございます。
おかげさまでお客様が400名を超えました。
感謝いたします。本当にありがとうございます。
この夏も皆様の幸せな人生実現のため、全力で走ります。
皆様も暑さに負けず、絶好調にお過ごしください。

サクセス生命保険　上原　素直

「そうですか。では年2回のハガキは出します」

「これもついでに言わせてもらうがな、せっかく高ぇ経費使うんならな、つまんねぇお決まりの年賀状や暑中見舞いを出すのはやめるんだな」

「普通じゃダメなんですか」

「あったりまえだの」

「クラッカーですか？」

「そうだ。いいか、『絶好調ハガキ』ってぇのを出すんだ」（**図表2**）

「絶好調ハガキ、ですか？」

「どうだ。こんなハガキもらったら目立つだろ？」

「はい、たしかに」

「それだけじゃあねえんだ。お前さんのアポを断った連中の中には、このハガキを見ていつか仲間と話題にすることもある。最初は強がりだと思っているんだが、年に2回も絶好調、元気、元気ってハガキが毎年来

ると、仲間に話すんだ。『最近、あいつ強がりで絶好調、絶好調ってハガキ来るけど』なんてな。そしたらその仲間の中にお前さんのお客様がいるってわけよ。『いや、俺上原の保険に入ったよ』『俺も入った』『あいつ勉強している。上原の話を聞かなければ、保険で損するところだった。お前も話聞いた方がいいよ』なんてぇ具合いになるんだぜ」
「なるほど」

Lesson8 のまとめ
　断られたリストも抹消しないこと。年2回の絶好調ハガキを出す。他のハガキよりも目立つことが大事。

　トニー・ゴードンが2014年のトロント大会で熱く語っていた。なぜアポイントの電話で熱く粘れるのか？　なぜ紹介入手で熱くお願いできるのか？　その答えは、会って話すセールスプロセス（アプローチ→プレゼン→クロージング）すべての内容に圧倒的な自信があるからだ。セールスプロセスに圧倒的自信が持てるように練習を積みなさい。

第2部

21世紀のアプローチ

Lesson 昔の男性の生命表を説明する

「さあ、ここからが新しいアプローチ法の話だ。いいか？　頭を空っぽにして素直に聞くんだぜ」
「はい、楽しみです」
「いいか、この次に紹介する図はな、アプローチと紹介入手両方に使えんだ。この説明が熱く語れるようにならねぇと、次のプレゼンにはつながらねぇぞ」
「分かりました」
「じゃあ、俺がマジで模範ロープレやるから相手になれよ」
「はい、お願いします」

「上原様、ちょっとこの図（**図表3**）をご覧ください。これは、昭和22年の男子の生命表です。今から67年以上前は100人の赤ちゃんが生まれたら、60歳で同級生が半分いなくなりました」
「半分しか生き残れなかったんですね」
「そうですね。60歳以降生き残った人が黒の部分です。20世紀はこの黒の部分の人たちだけの面倒（＝年金・医療・介護）をグレーの世代がみればよかったわけですね」
「そういうことですね」

 まず、ここまでを繰り返して練習だ。

第2部　21世紀のアプローチ

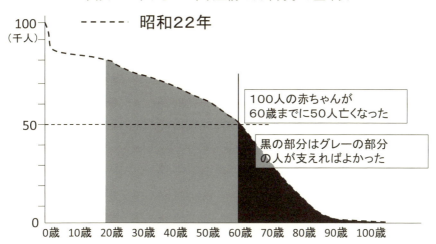

図表3　今から60年以上前の日本男子の生命表

Lesson ⑩ 現在の生命表をプレゼンする

「上原様。現在は60歳で何人くらい生きていると思いますか？」
「80人くらいでしょうか」
「こちらをご覧ください（**図表4**）。平成29年の簡易生命表なのですが、100人男の赤ちゃんが生まれたら、上原様の同級生は60歳で93人も生きています」
「そんなに生きているんですか？」
「はい、昭和22年の生命表と比べていかがですか？　図表の右側の黒色の面積がこんなに増えていますよね。上原様の同級生が半分になるのは84歳です」
「半分になるのは、84歳ですか？」
「ですから、上原様の人生を考えるとき84歳まででいいでしょうか？」
「いや、まだ半分も生きていますからね」

67

図表4　今60歳以降生きる男性は93％以上（男性の生命表）

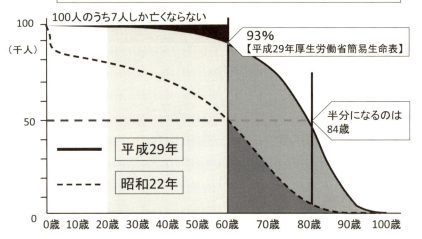

「そうですね。男性でも90歳くらいまでのライフプランを準備する時代が来たということですね」
「人生90歳ですか？」

> **Lesson10のまとめ**
>
> 「人生長生きになったんですね？」くらいの感覚じゃダメ。グラフがお客様にリアルな想像をさせなければならない。今までに他のセールスから聞いたことない新鮮な感動、驚きを伝えることが大切。奥さんが目の前にいるなら、次頁の女性の生命表も見せて、女性はもっと長い人生だということを実感させる必要がある。

第2部　21世紀のアプローチ

Lesson 11　女性の生命表をプレゼンする

「こちらの図（**図表5**）をご覧ください。こちらは、女性の生命表です。女性の場合はもっとすごいですよ。女の赤ちゃんが100人おぎゃーと生まれたら、今の時代60歳までに4人しか亡くなりません。96人は生きています」
「女性のパワーはすごいですね」
「その通りです。半分になるのはなんと90歳ですよ」
「きゃー、やだー、90歳でまだ半分生き残っているのよ。どうしよう」

　急に女性の声を出す上原に、雲上は吹き出しそうになった。
「上原、へへへ、奥様役のマネ、うめぇぞ」
「雲上先生こそロープレになると流暢な標準語になるんですか？」

図表5　今女性は100歳までの人生を考える必要あり（女性の生命表）

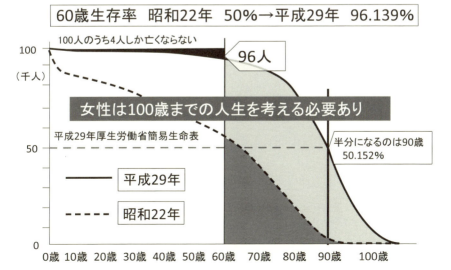

「そりゃあよう、プロだからな。さあ続けるか」

「まあ、奥様、そういうことです。女性のライフプランは今、100歳まで考えないといけない時代になりました」
「女は人生100歳までなの？　どうしようあなた！」

こっからだ。質問してこの長生きの問題を共有するんだ。お客様が心配なこと、不安なことを聞き出すんだ！

Lesson ⑫ 問題を共有する

「上原様ご夫妻もかなりの確率でこの右側の黒い部分に入ると思いますが、いかがですか？」
「まあ、確率的には右側に入るんでしょうね」
「では、この長生きの集団にご夫婦とも入るとすると、何か心配なことはございませんか？」

この質問が大切だぜ！　困ることや心配なことを聞くことだ。

「みんなが長生きすると年金とか心配ですね」
「そうですね。**図表5**をご覧いただくとお分かりのように、この右側の60歳以降生きる人たちの年金は、だれが賄うのでしょうか？」
「いやーぁ……？」
「では、今度は**図表6**をご覧ください。この左側のグレーの部分、すなわち現役の20歳から60歳の人たちが、子供（左側の0歳から22歳く

第2部　21世紀のアプローチ

図表6　男子同級生が100人生まれて60歳で93人生きている

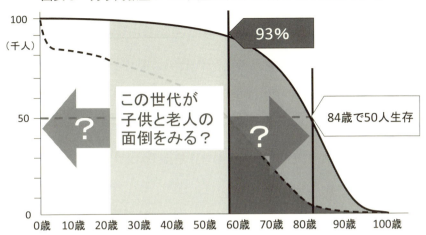

らい）と右側の黒の部分（60歳以降）の世代と両方の面倒をみることはできるでしょうか？」
「無理でしょ」
「厳しい現実があると思います。他にご心配なことはございませんか？」

さらに問題共有を深めるんだ！

Lesson 13 問題の共有を深める

「医療費とかも問題かなあ」

ほら出てきたぞ。この調子でお客様の方から心配なことをさらに聞き出すんだ！

「退職金も昔と同じだけ受け取れますか？　退職金をもらう人（＝黒の集団）はこんなに増えてしまったらいかがでしょうか？」
「同じというわけにはいかないでしょうね」
「そうですよね。昔の先輩たちは、半分の60歳までに亡くなりましたが、上原さんが60歳になる頃には、減る方向になることは間違いないでしょうね。では、年金や退職金が不足する分はどうしますか？」

こうやって次の老後資金をどう準備するかという話に展開するんだぜ！

「だから貯金や保険を見直せって言うんでしょ？」

ここで反対意見がきたか！　こんなときはこう切り返す。

「すべて保険や貯金で賄うのは難しいと思います。男性の生命表では、

図表7　月の生活費30万円とすると老後資金は？

第2部　21世紀のアプローチ

半減するのが83歳ですから、90歳くらいまでの人生を考えなければなりませんでしたよね。ご参考までにこちらをご覧ください（**図表7**）。60歳以降の暮らしを30万円としますと、無年金期間は1,800万円。その後、ご夫婦の年金の不足額25年分で3,600万円。合計5,400万円です。住宅ローンの残額があれば退職金も減りますね。この不足額30年分の貯金ができますか？」

「そんなの無理でしょ」

> **Lesson13のまとめ**
> 　必ずしもここで詳しい計算をする必要はないかもしれない。30年分の貯金というのがキーワード。単純に退職金や年金の不足額が月10万円としても30年で3,600万円となる。これは元気で生きていくための資金だ。その他に医療費や介護費用も考えなければならない。退職金や年金の不足額を貯金や保険だけでカバーするのは無理なことを理解させるのが、このレッスンのポイント。

Lesson 14　長生き時代は長く働く時代

いいか、ここからがキモだぞ。新しい考え方を展開するんだ。

「まず60歳から65歳まで年金は一円も出ませんね。60歳でリタイアできますか？」
「65歳までは会社に残れると思うんですけど」
「それはよかったです。今、定年の延長はあまり進んでいませんが、雇

用の延長制度は進んでいます」
「うちの会社も65歳まで働けるって先輩が言っていました」

　高齢者雇用安定法が施行され、上場会社から65歳までの雇用を義務付けているんだ。ただし、定年制の延長ではなく、あくまでも雇用の延長だ。雇用形態はパートでもいいことになっている。この5年間の所得について、上場企業の人事部の9割が現役時代の半分程度になるだろうと答えているんだ。だけどな、ここからさらに突っ込んだ問題提起をするんだ。

「では、65歳で完全リタイアできますか？」
「うーん、どうだろ。リタイアできませんか？」
「65歳以降ご夫婦が同じ年で受け取れる年金は18万円くらい（**図表8**）になるという計算もあります。65歳以降、生活資金の不足分を退職金と貯金を取り崩して生活していけますか？」
「心配ですよね。じゃあどうすりゃいいんでしょ？」

　「どうすればいいんですか？」お客様からこのフレーズが出たときが最高に嬉しいね。

「退職金や年金の受取額は減っていく。でも30年分も貯金はできない。でしたら？」
「やっぱり働くしかないよね」

　21世紀型のライフプランはこれなんだ。60歳まで働いたら退職金と年金だけで生きていけたのは20世紀までのいい時代だったわけだ。21世紀は長生き時代。だから寿命が延びた分、現役時代も当然延びるって考え方、受け入れてもらえっかな？　これが雲上流ラ

第2部　21世紀のアプローチ

イフプランのキモなんだぜ！

「そうですよ。働くしかないというイメージではなく、**長生き時代は、現役も当然長くなるわけですから、やりがいを持って皆さん仕事をする時代ですよ**」
「70歳代も現役なんて想像できないけどなあ」
「今日初めてこの長生き時代の生き方をご提案したわけですから、少しピンときませんか？」
「はい」
「でも65歳からでもこんなに長い間（男は90歳まで25年、女性は100歳まで35年）年金をみんながもらったら、わが国はパンクしてしまいませんか？」
「たしかにみんなが年金だ、健康保険だ、介護保険だってこんなに多くの人が使ってしまったら日本はパンクしてしまいますね」
「素晴らしい。その通りなんです。それを実感していただくために、この生命表をご覧いただいているわけです」

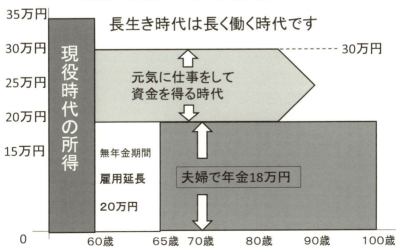

図表8　退職金・年金・貯金が不足なら？

> **Lesson14 のまとめ**
> ここでのポイントは、上原さんみたいに素直なお客様ばかりでは
> ないということ。65歳で絶対それ以降仕事はしない、あとは、少
> ない年金とわずかな貯金で細々と生きていく、なんて人にはあたり
> たくはないが、そんな人にはマルを書いてあげるとよい。具体的な
> ロープレでは次のようになる。

Lesson ⑮ 必殺！ 65歳以降の 1日の生活円グラフ

　　　まだ、60歳まで働いたら後は退職金・年金とわずかな貯金で
　　　生きていくというような考え方から目を覚ましていただく方法
が、この円グラフを使った方法だ。

「70歳でも仕事するなんて勘弁してくださいよ」

「そんな脅しているわけではないんですよ。ちょっと65歳からイメー
ジしていただきたいのですが、今日からサンデー毎日です。つまり毎日
が日曜日です。マルを書きますね。さあ、今日から何時に起きますか？」

「年寄は朝が早いですね。5時に起きます」

「おお、素晴らしい。何をされますか？」

「まあ、体操して散歩かな？」

「何時までされますか？」

「6時まで」

「はい、6時までですね。その後は何をされますか？」

「新聞読んで、テレビのニュース、その後は朝食ですか」

「何時までですか」

第2部　21世紀のアプローチ

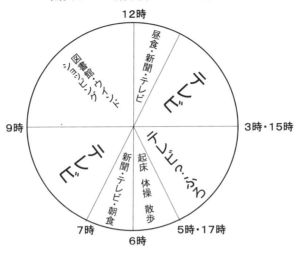

図表9　65歳以降の1日の暮らし

「いいとこ7時でしょ」
「その後は？」
「テレビの朝ドラを見て」
「何時までですか？」
「9時までかな？」
「その後は？」
「図書館かな。午前中は図書館かウインドーショッピング」
「いいですね。そして12時から食事ですね」
「そう、テレビを見ながらゆっくりと13時まで」
「それ以降は？」
「うーん。テレビかな？」
「何時までですか？」
「15時いや夕方まで」
「17時くらいからお風呂ですか」
「そうですね」
「その後は？　やはり夕食とテレビで就寝ということですね」

「そういうパターンですかね？」（図表９）

「このパターンを25年間できますか？」

「飽きてしまうなぁ」

「そうでしょ？　日本人は65歳から69歳までの就業率が38％（2000年）で世界一勤労意欲の高い国です。70歳以降も仕事をしたいという方が3割以上もいらっしゃるんですよ」

「そうですか」

「最近はタクシーの運転手さんも70歳代の方が多いですよ。私が行くデパートの洋服売り場の方も70歳で現役です。『家にいても張り合いがないし、お小遣いもほしいし、こうやって働いている方が楽しいんですよ』って言っていました」

「寿命が延びたんだから20年、30年も遊んでいるわけにいかないってことか」

「その通りです。今政府は、年金支給開始をもっと遅くできないか検討しています。2025年からイギリス、ドイツ、フランスの年金支給開始は67歳からになります。日本の方がさらに高齢化が進んでいますから、年金支給開始がどんどん後になるのは、生命表（図表４）をご覧いただければご理解できると思います」

「生き方を変えなくてはいけませんね」

「そうですね。25年もゲートボールじゃ飽きてしまいますよね。このマルの中に10時から16時でもいいですから『仕事』って入っていたらいかがですか？」

「一日が充実するかもしれませんね」

「その通りですよ。お友達もできますし、仕事の後のビールもおいしいのではないでしょうか」

「こんなこと考えたこともなかったです」

「田中真澄先生ってご存知ですか？」

「いえ」

第2部　21世紀のアプローチ

「私の尊敬する先生です。東京教育大学（現筑波大学）を卒業後、日経新聞社に入社、日経マグロウヒルの取締役になったのに46歳で退社し、講演家として活躍されています。日経を辞めた理由ですが、60歳で現役を終えるのがいやだったそうです。『人間は朝起きてやらねばならない仕事があること。これが21世紀長寿時代の生き方です。20年以上もゲートボールでは飽きてしまいます。終身現役で人生を終えるのが一番人間らしい生き方です』と言っておられます」

「なるほど」

> **Lesson15 のまとめ**
> 　60歳まで働いたら後は退職金や年金だけで生きていく、という考え方は危険である。仕事もせずに25年30年をゲートボールやグランドゴルフで生きるのでは張り合いがないはずである。長期就労時代がやってくるから、今のうちに専門を磨いておく必要があることをお客様に早く理解していただくことが大切。

Lesson 16　長い現役時代の保険

「60歳以降も長く働く時代の上原さんご夫妻を守る生命保険は60歳満期で、切れてしまっていいですか？（図表10）」

「それは困るよね」

　ここで新しい問題提起だ。

「では、いつまでならいいでしょうか？」

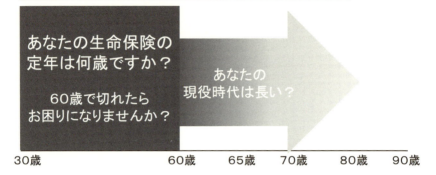

図表10　一生涯に払う保険料

「いつまでと言われても分からないですよね」
「そうですね。長く働く時代の生命保険の満期は上原様が、働いている間は少なくても必要ではないでしょうか？」
「たしかにそうですね」
「60歳を過ぎても、毎月お給料やボーナスを持って来る上原様に万一のことがあったら、残された奥様がお困りになりますよね」

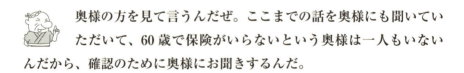

奥様の方を見て言うんだぜ。ここまでの話を奥様にも聞いていただいて、60歳で保険がいらないという奥様は一人もいないんだから、確認のために奥様にお聞きするんだ。

「60歳を過ぎてもお給料やボーナスを持って来てくれる人がいなくなったら困るわ。保険がまったくいらないわけはないわ」
「その通りです。奥様！　ご主人は頑張って65歳でもいや70歳過ぎても現役で稼いでいただくのに、生命保険だけ60歳で定年では困りますよね」

第2部　21世紀のアプローチ

　必ず奥様を味方にするんだぜ。

「うふふっ。おもしろーい。保険だけ60歳定年じゃ困りますね」
「生命保険の満期は、生命保険会社が決めるものではなく、お客様が決めるものだと思うんですよ」

> **Lesson16のまとめ**
> 　働ける間は保険が必要だが、いつまで働けるかは個人の能力、体力次第。だから満期は各人が決めることができる保険が必要だということ。ここでは、終身保険が必要などという必要はない。

Lesson ⑰　保険料をムダにさせたくない！

「上原様、奥様、お子様の保険まで入れれば、上原家で少なくても月3万円は生命保険料を払っていませんか？」
（または、「上原様くらいの世代ですと、ご主人、奥様、お子様の学資保険まで入れると3万円くらいは皆さん払っていますが、上原家ではいかがですか？」）
「家族全員ならもっとかな？」
「そうですか？　では、少なくとも3万円としたら、30歳から60歳まで30年間で保険料はいくら払うことになると思いますか？」
「結構な金額になるんだろうね？」
「1,080万円にもなるんです」

ただ、30年分の保険料が1,000万円以上になるというよりは、1,080万円と細かく言うことでより現実味（＝リアリティ）が出るのよ。この1,080万円もキーワードだぜ。

「へえ、結構大きな金額になるんですね」
「生命保険は、家の次に高い買い物といわれているのはこのためです」

ここで、気付いてもらうんだぜ。生命保険の生涯保険料が高額だからこそ、一円もムダにしたくないって気になるわけだ。

「1,080万円を60歳まで払って、生命保険がそこで切れてしまい、保険料がほとんど掛け捨てで戻ってこない。そんなことが60歳になって気付いたらお困りになりませんか？」

キーフレーズだ。

「そりゃあ困るよ」

ここも繰り返し練習して、熱く語れるようにしなくちゃあいけないよ。

Lesson 2の5の50％

レッスン17だけでも即プレゼンテーションにつながるんだが、雲上流はさらに問題提起をしていくぜ。

「上原様、最近ガソリンが値上がりましたよね？」

 新たな問題提起だ。

「本当にまいってしまいますよ」
「２、３年前は120円位だったレギュラーガソリンの値段が今160円を超えていますね。どうしてこんなに上がったかご存知ですか？」
「やはり増税ですか？」
「そうですね。皆さんに２の５の50％と覚えていただきたいのです」
「２の５の50ですか？」
「はい、図表11を見てください。２％のインフレ、５％の増税、50％の円安のことです。２の５の50は今後も物価上昇をさせていきます」
「それでガソリンがこんなに上がったんですね」
「はい、そうですね。アベノミクスで２％のインフレを続けることは国策になりました。インフレってご存知ですか？」

図表11　なぜガソリンが高くなった？
なのにゼロ金利で預金していませんか？

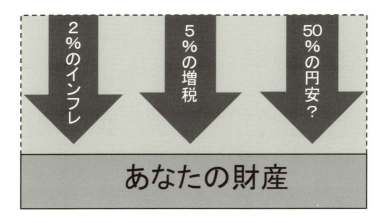

「物価が上がるってことでしょ」

「その通りですね。この**図表12**をご覧ください。"72割るの法則"というのがあります」

「72割るの法則ですか。何か面白そうですね。」

「72というのは、魔法の数字です。うわさによると、あのアインシュタインもびっくりしたという数字です。72を金利やインフレ率で割ると何年後に元金が2倍（インフレ率で割れば元本が2分の1になる期間）になるか、期間が簡単に計算できるんですよ」

「へー。面白いですね」

「72を先ほどの2％で割ると36年です。たとえば、元本1,000万円を2％で預けておくと36年後に元利合計2,000万円になるということです」

「今2％の金利なんて付かないよね？」

「そうですね。今の銀行金利は0.02％ですから72割る0.02で＝3,600年です。3,600年経たないと元本が倍になりませんね」

「3,600年後に2倍ですか？」

「そうですね。3,600年後の貯金ってだれのための貯金ですかね？ 今

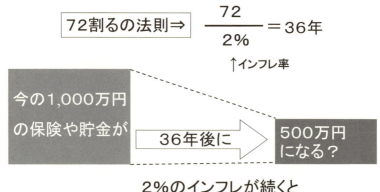

図表12　アベノミクスで財産が半分に？

第2部　21世紀のアプローチ

度は2％のインフレ率で考えましょう。アベノミクスが目指した通り2％のインフレがもし36年続くと、1,000万円の保険や貯金は半分の500万円の価値に下がってしまうということなんです」
「そりゃあ、困るね」
「さらに、2014年から2019年にかけて消費税が5％上がりますよね。上原様のお給料が5％ベースアップしていきますでしょうか？」
「上がっていってくれればいいんだけど」
「そうしますと、やはり上原様の稼いだ財産が増税分目減りしますね」
「そうですね」
「それに、2012年頃は1ドル80円だったのに、これもアベノミクスで円安に誘導している結果、120円以上になっています。つまり、海外から80円で買えたものが50％高の120円出さなければ買えないということです。日本はガソリンも食料も輸入に頼っていますから、消費者として円安は、物価上昇につながるということです」
「今後も物価は上がる、貯金や保険は減るということですね」
「ご理解が早いですね」
「**このように物価が上がっていく可能性が今後も続くのに、皆さんゼロ金利で財形や銀行預金をしていませんか？**」

　これもキーフレーズだ。

「いやーその通りですね。困りましたね」
「皆さん汗水流して働いたお給料の中から、保険に3万円、貯金に3万円くらい投資されています。30年で2,000万円以上です。その結果が生命保険は60歳で切れてほとんど掛け捨てでお金が戻ってこない。貯金はインフレ、増税、円安効果でぺしゃんこに減ってしまう。上原様が60歳になって、こんなことになったらお困りになりませんか？」

「いやー。困りますよ」

「お話をまとめさせていただきます。私からのお願いです。

１．長生き時代は長く働く時代です。保険の現役も長くする必要があります。

２．保険料は一円もムダにしてはいけません。

３．上原様の財産をインフレ、増税、円安から守る対策が必要です」

「何か対策がありますか？」

「はい、上原様の長い現役時代にふさわしい保険で、保険料は一円もムダにしない。そしてインフレ、増税、円安に負けない賢い貯蓄法があったら、ご関心はございますか？」

「大いにあります」

「それでは、さっそく今お入りの保険の内容や貯金の内容をチェックさせていただいてよろしいですか？」

「はい、よろしくお願いいたします」

Lesson18 のまとめ

１．保険期間の問題。

２．保険料を一円もムダにしない。

インフレ、増税、円安に負けない貯金。この問題をお客様と完全に共有すること。ここまでいけば、プレゼンにつながる可能性は高くなる。

第3部

プレゼンテーション

Lesson ⑲ 良い保険の３つの条件

「さあ上原、ご自宅にご夫婦を訪ねたら、まず最初に話すのがこの良い
保険の３つの条件だ」
「３つの条件ですか？」
「良い会社・良い商品・良い担当者だ。ロープレするから相手しろよ」

◆良い会社とは？
「では、最初に良い保険の３つの条件についてお話します」
「はい」
「まず**良い会社**です。良い会社とは、遠い約束を果たせる会社でなくて
はなりません」
「遠い約束ですか？」
「はい、生命保険は長い間上原様ご一家を守るものですから、死亡も医
療も終身保障のものが主力です。ご契約をいただいてから生命保険は納
品、つまり入院給付金や死亡保険金を支払うのは、確率的に申し上げて
ずっと先の遠い未来です。上原様や奥様は今お元気ですよね」
「もちろん元気です」
「それでは、入院されるのは 10 年後の 45 歳のときでしょうか？」
「40 歳代は元気でしょうね。いや、元気でいたいです」
「そうですよね。そうしますと入院されるのは、20 年後、いえひょっ
とすると 50 年後の 85 歳である可能性もあるわけです」
「50 年後か？」
「まあ、いつでも生命保険会社は納品できなければお役に立てませんよ

88

第3部　プレゼンテーション

ね？　であれば万が一の直近から半世紀先の納品にも耐えられる強い財務体質が必要になります。つまり、良い会社とは、遠い未来もつぶれない会社ということです」

「それは保険会社がつぶれてしまっては困りますよね」

「その通りです。しかし、サクセス生命の私が『サクセス生命は良い会社だからつぶれません』と言ってもあまり説得力ないですよね？」

「自分の会社がつぶれそうだなんて言うセールスマンはいないよね」

「はい、ですからサクセス生命が本当に遠い約束を果たせる会社であるかどうかは、外部の通信簿が良い会社でなくてはなりません」

「外部の通信簿といいますと？」

「Ｓ＆Ｐやムーディーズのような格付け会社の格付けが良いこと。それからソルベンシーマージン比率が高いことが良い会社の通信簿です」

「格付けは聞いたことありますが……」

「格付けは最高がＡＡＡ（＝トリプルＡ）で、ボーダーラインはＢＢＢ（＝トリプルＢ）です。トリプルＢまでは、近い未来に倒産する可能性は低い格付けですが、ＢＢ（＝ダブルＢ）以下の会社は近い未来に倒産の危険性があるということです。サクセス生命はＡＡ⁻ですのでメガバンクより上の格付けで、あのスイス銀行ＡＡ⁺に次ぐ格付けをいただいておりますので、ご安心ください」

「ソルベンシー何とかというのはどういうことですか？」

「保険金支払い余力です。35歳の男性が1,000人いたら、この10年以内に亡くなる率というデータを保険会社は持っていますが、その率を大幅に上回る大きな地震や津波による災害等が起きた場合には、予定していた以上の保険金を払うことになります。ソルベンシーマージン比率が高いということは、予定より多くの方が亡くなったとき、保険会社がどれだけ保険金支払いの余力があるかを示す数字なのです。ソルベンシーマージン比率が200％を切ったときは、金融庁は何らかの是正勧告を保険会社にします。ですからソルベンシーマージン比率が200％以上あれ

89

ば安全と思われがちですが、過去倒産した保険会社は皆大きく200％を超えていましたので、安心信頼をいただけるソルベンシーマージン比率は、500％以上あってほしいと私は考えます。サクセス生命は、格付けがＡＡ⁻でソルベンシーマージン比率が1,000％ですので、遠い約束を果たせる会社といえるわけです」

「それなら安心だね」

◆良い商品とは？

「次に**良い商品**です。良い商品とは、困ったときに必要なお金が十分給付される商品です。３大成人病といわれる、がん、心臓疾患、脳疾患にかかると治療費だけではなく、復帰後の所得が減少する可能性もあります。そのリスクをカバーできる商品が必要です。入院１日いくらの保険も必要ですが、入院日数を減らすのは国策になっています」

「なぜですか？」

「長生き時代は加齢とともに、医療費を使う人も大幅に増えていますので、健康保険財政が大赤字になっています。そのため、国は入院日数を短くするように病院に指導しているのです」

「なるほど」

「がんの場合でも入院日数は減少していますので、入院や通院日数に関係なく一時金が支払われる保険が良い商品ではないでしょうか？」

「それは、ありがたい保険ですね」

「最近コマーシャルでやっている、『だれでも年齢に関係なく、安い保険料で一生涯の入院を補償する保険』がありますが、『安い、簡単、だれでも入れる保険』とうたっている商品は、いざ困ったときに必要なお金があまり出ない可能性が高いのです」

「そうよね。安くて簡単、入れる保険でたくさん出るというのは期待できませんよね」

「**奥様、その通りです。私は入口（＝入ったとき）の安さより、出口（＝お**

第3部　プレゼンテーション

金が必要なとき）で安心していただくことを考えて商品をお選びいたします」

◆良い担当者とは？

「最後に**良い担当者**です。私が上原様ご夫妻にとって本当に良い担当者であるかどうかは、これから見極めていただきたいのですが、私はお客様の代理人でありたいと思っています」

「代理人ですか？」

「はい、保険会社と上原様ご夫妻の間に入って困ったときに、なるべく給付金や保険金が早く、少しでも多く出るように動きます。そして、お客様の財産と命を守ることが私の使命です」

「財産と命を守るといいますと？」

「**はい、ご主人様には会社で少しお話したのですが、まずはムダな保険料は一円も払っていただかないこと。そしてインフレ、増税、円安から上原様ご夫妻の保険や貯金を守ることです**」

「そんなこと、保険でできるんですか？」

「はい、後ほどご関心があればご提案いたします。そして、**どんなに良い医療保険に加入されていても、良いお医者様に出会わなければベストな治療を受けられません**」

「雲上さんはそんな良いお医者さんをご存知なのですか？」

「はい、良い医療情報こそが上原様ご夫妻の保険でもあると思うんですよ。せっかくたくさん給付金が出ても、そのお金でだれにどんな治療をしてもらうかで、その後の人生がまったく変わることが多いのです」

「最近、芸能人でもがんの手術を受けた後、亡くなっていますよね」

「その通りです。上原様ご夫妻は元気でお過ごしいただきたいのですが、がん、心臓疾患、脳疾患にかかったらなるべく体にやさしい治療法で早く治ってほしいですからね。私は良いお医者様のネットワークを持っていますので、いざというときお役に立ちたいと思っています」

「それは、ありがたいね」

※良い医療のネットワークは各会社で提携している場合と自分で情報を仕入れる方法があります。

「良い会社、良い商品、良い担当者、これが上原様ご夫妻を守る良い保険の３つの条件です」
「よーく分かりました」

> **Lesson19 のまとめ**
> 　良い保険の３つの条件は、このロープレを参考にしっかり話せるように練習することにある。ここでうまく話すことができれば、『何か良いものがあれば、この人から保険に入ろうかな』と最初の段階で心が動くことにつながる。

Lesson ⑳ 遺族年金と福祉制度

◆若い夫婦には必要最適保障額の説明を

　上原が、今日は落胆して雲上のところにやってきた。
「どうしたい。いかにも失敗したという顔だぜ、今日の素直ちゃんは」
「小さいお子さんがいらっしゃる若いご夫婦にお会いできたんですが」
「いいじゃないか、まさに保険の必要性があるお客様じゃねえか」
「はい、でも今加入している保険は 7,000 万円で、今はこれでいいって言われまして、応酬できませんでした」
「てやんでえ、21 世紀のライフプランの話はしたのか？」
「はい、でも今子供が小さいときご主人に万が一のことがあったら、奥様は働けないし、保障は必要だから見直すつもりはないと断られました」

第3部　プレゼンテーション

「上原、お前さん遺族年金って知ってっか？」

「はあ？　何となく」

「何となくじゃあダメだぜ。いいか、お子さんの小さいご夫婦にはまず『必要最適保障額』の話をしなくちゃいけない」

「必要最適保障額ですか？」

「これも雲上流の重要なキーワードだぜ。そのご夫婦はもしかしたら、遺族年金の話を聞かないで7,000万円の保障額を決めた可能性が高いぜ。『ご主人に万が一のことがあったら、他に何の保障もないので、民間の生命保険でカバーしなくちゃならない』なんて、遺族年金の話もしないで説得された可能性があるな」

「そんなに遺族年金って大きなものですか？」

「**図表13**を見てみろ。もちろん、ご主人が厚生年金に加入していることが大前提だぜ。それこそ縁起でもねえがな、3歳、1歳の小さなお子さんを残してそのご主人が万が一亡くなったら遺族基礎年金、遺族厚生

図表13　老齢年金の受取額は？

年金、子の加算2人分と4階建ての年金が受給できるんだ」

「年間で179万200円、月額にすると約14万9,000円ですね」

「忘れちゃいけねぇのは、その他に市町村からの福祉があるんだぜ」

「福祉ですかあ？」

「宿題だ、上原。おまえさんはどこに住んでいる？」

「さいたま市です」

「そんならそば食ったら、さいたま市役所に行ってすぐ調べて来い。遺族厚生年金受給の母子（父子）家庭に対する福祉制度について聞いて来い。ほら、一丁上がり！　挽きたて、打ちたて、茹でたてのそば食って元気出せ！」

　上原は一気に2枚のざるを平らげて、雲上の指示されるままに、さいたま市役所へと向かった。上原は今までまったく知らない福祉について、市役所の職員から懇切丁寧に説明を受けて感動するのであった。

Lesson20 のまとめ

　ここでのポイントは遺族年金をマスターすること。18歳未満の子供が2人いる夫婦は179万200円の遺族年金が、最初の子供が18歳を迎える3月まで支給される（平均標準報酬月額30万円の場合）。第2子が18歳を迎えるまでだと、156万5,700円。その後は、遺族厚生年金＋中高年寡婦加算で114万6,200円が65歳まで給付される。

　さらに、市町村の福祉制度で、末子が18歳を迎えるまで医療費（健康保険料と3割の自己負担分）が母子とも無料（第1子分は18歳以降負担）。さらに小中学校の給食費（2人で8,000円から1万円くらい）が無料となる。その他、遠足、林間学校、修学旅行費無料等、実質月額3万円以上の収入になる福祉サービスがある。（平成26年6月現在）

第3部　プレゼンテーション

Lesson ㉑ 必要最適保険金額

「いやあ、市役所に行って本当に勉強になりました。遺族年金と福祉制度をお客様に伝えることで、本当に必要な保障額を分かっていただけますね？」

「そういうことよ。じゃあ、レッスン21だ。まず必要最適保険金のイメージを伝えるんだ。ロープレを見せるから相手をしてみろ」

「はい」

「上原様、まず『必要最適保険金額』についてお話します」

「必要最適保険金額ですか？」

「はい、必要最適保険金額とは、ご主人に万が一のことがあったら、残された奥様とお子様お2人が、今と将来ご主人が生きていたと同じ生活レベルを続けることができる保険金（＝保障額）のことをいいます」

「同じ生活レベルですか？」

「はい、お2人のお子様には何か習い事をさせたいと思いますか？」

「はい、水泳とか英会話とかやらせたいですね」

「それは素晴らしいですね。たとえばご主人が神様から特別の許可をいただいて、天国の窓からご家族を見ているわけです。でも必要最適保険金額に満たない保険ですと、奥様がお子様に言うわけですね。『ももちゃん、お父さんのお金が足りなかったから、水泳か英会話どちらかやめようか？』そんな光景を天国から見たとしたらいかがですか？」

「それは、かわいそうだよなぁ」

「そうですよね。そんなことにならない保障額が必要ですね」

「そうだね」

95

「もう一つ、たとえばファミリーレストランには月に何回行かれますか？」

「月に２回くらいかな」

「そうですか。お父さんが天国に行ってもお母さんとお子さん２人はたまには、ファミリーレストランに行きたいですよね」

「まあそうですね」

「月２回行っていたファミリーレストランの回数が月１回に減り、さらに『デザートのアイスクリームは我慢してね』なんていう声が天国まで聞こえてきたとしたらご主人はどう思うでしょうか？」

「それもかわいそうだなぁ」

「ですから、習い事の数も減らさない、ファミリーレストランの回数もデザートも我慢しなくてよい保障額が、必要最適保険金額とお考えください。もちろん将来の進学もお父さんが生きていらっしゃったときと同じに実現できる保障額です」

「なるほど」

「逆に、いかがですか？　必要最適保険金額をはるかに超える高額な保険金が入ったらどうでしょう」

「それは、少ないより嬉しいですね」

「奥様、ご主人が亡くなって急に生活レベルが上がってしまうのはどうですか？」

「なんか犯罪の匂いがするかしら、うふふ」

「車がベンツになって、ファミリーレストランではなくて毎週ホテルでディナー。ご主人が生きてらしたら決してできない生活レベルが、実現できる保険というのはいかがですか？　天国のお父さんが見てたらどうですか？」

「なんか天国で悔しい思いをするかもしれませんね」

第3部　プレゼンテーション

> **Lesson21 のまとめ**
>
> 　必要最適保険金額の説明は、ご夫婦の顔色を見ながら笑顔で楽しくやることが大事。死亡保険金の話なので、少しジョークを混えながら話すのもよい。ただし、ご夫婦を怒らせないようにすること。必要最適保険金額のイメージを習い事とファミレスのイメージで簡単に楽しく理解してもらうとよい。

Lesson ㉒ これから稼ぐ収入≠生命保険

「さあ上原、レッスン22だ。まずは図表14を見てくれ。年収500万円のご主人（30歳）がこれから30年、60歳まで稼ぐとすると1億5,000万円だな」

「はい、そうですね。でも生命保険は1億5,000万円もいらないということですよね？」

図表14　これから稼ぐ収入≠生命保険

自分で準備する生命保険　1億円-(5,000万円+2,000万円)＝3,000万円	すでに準備されている保障	これから稼ぐ1億円
団体信用生命保険2,000万円		
遺族年金や福祉制度による保障　約5,000万円		

「まあ、そう焦りなさんな。簡単に言えばこういうことだ。これから1億5,000万円稼ぐとしても、ご主人が亡くなったら必要なくなるお金があるということだ。残念だが、お父さんが亡くなったらお父さんにかかる費用を生活費から引けるということだな。概算だが、今までの生活費の6割から7割が、残された奥さんとお子さんの生活費ということになる。そうするってぇと、1億5,000万円の収入に対して1億円位あればご遺族（＝母子）は同じ生活ができる計算になる。必要最適保障額とは、お父さんが生きていたときと同じ生活ができる保障額をいうんだ」

「なるほど、お父さんの食費、着るもの、小遣い、携帯電話代、お父さん側のご友人やご親戚付き合い（＝冠婚葬祭費等）も引けるってことですね」

「そういうことだ。さらに大きいのが住宅ローンだぜ。団体信用生命保険にほとんどの方が加入しているから、ご主人が亡くなったらローンはなくなるな」

「そうか、住宅ローン分はすでに生命保険に加入済ってことですね」

「上原、賢い言い方だ。それをお客様に使うんだぜ」

「はい。ということは、さっきの1億円から住宅ローンの残債が2,000万円としても引けるわけですから、残り8,000万円ですね？」

「さらに、遺族年金や福祉制度でいただける5,000万円以上の社会保険も引けるから、**図表14**の場合は自分で準備する生命保険は3,000万円となるわけだ」

「この話ができていれば、『7,000万円入っているから生命保険の話は聞きたくありません』という昨日のお客様もうまく話がつながったのになあ」

「練習だと思ってもう一回行ってきちゃどうだい。この遺族年金は例話法を使っていえば、自動車保険の自賠責保険みたいなもんだ。自動車保険だって自賠責保険だけじゃあ足りないだろ？　だから不足分を民間の自動車保険でカバーするわけだ」

第3部　プレゼンテーション

「なるほど。だから生命保険も自賠責保険（＝国の遺族年金や福祉制度）の不足分をカバーするという考え方で保障額を考えるということですね」

「ザッツライトだ。ミスターウエハラ。だいぶ頭の回転が保険セールス型になってきたな」

「えへへ。でもこの話をしっかりお客様に伝えなければなりませんね」

「その通りだ。ただしな、この3,000万円の保障がいつまでいるかって話が21世紀流なんだぜ。60歳で切れてしまったら本当に奥さんが困ることになるな」

「働いて稼いでいるうちは、保険が必要ということですね」

「さあ、上原様ご夫婦にレッスン22の模範ロープレだ」

「よろしくお願いします」

「それでは、いくらあれば、ご主人が生きていたときと同じ生活レベルができる保障額かと申しますと、図表14の説明でご理解いただきましたように3,000万円あれば、今以上でも以下でもない暮らしが何とかできるということです」

「国の社会保障って結構あるんですね」

「そうなんです。上原様ご夫妻はこの遺族年金や福祉の金額をご存知のうえで、今の7,000万円の保険に入られましたか？」

「いえ、今子供がとにかく小さいので、この人に先立たれたら困るので言われるままに入りました」

「では、今日の遺族年金のお話はお役に立てましたね」

「ええ、とても。こんな話、他のセールスの方から聞いたことありません」

「これからご主人が稼ぐ収入イコール生命保険ではないのです。すでに準備されている住宅ローンの保険や国の遺族年金で準備されている金額を引いた残りが、ご自分で準備する生命保険なのです」

99

「入りすぎている保険、減らせますね」

「はい、そして確率の高い長生きの準備に、そのお金を回していただきたいと思います」

「今日は雲上さんに来ていただいて本当によかったです」

「ありがとうございます」

> **Lesson22 のまとめ**
>
> 　遺族が必要な生活費から、すでに準備されている住宅ローンの団体信用生命保険や遺族年金を引いた額が必要最適保障額である。ただし、このケースは住宅ローンを払っていて、厚生年金に加入されているサラリーマンの場合である。個人事業主や経営者へのアプローチには使えないので注意が必要だ。

Lesson ㉓ 遺族の生活費を月額でシミュレーションする

「それではまず、確率の低い、万が一のお話です。申し訳ございませんが、ご主人は仮に天国に行っていただきます」

「天国に行っちゃうんですね」

「はい、すみません。そうすると奥様とお子様は早速、衣・食・住にお困りになりますね」

「はい」

「まず、大きい金額の『住』から考えます。住宅ローンを組まれたとき、団体信用生命保険というのにご加入されたのを覚えていらっしゃいますか?」

「ああ、覚えています」

「そうしますと、ご主人に万が一のことがありますと住宅ローンはなく

100

第3部　プレゼンテーション

なりますね。すでにこの分は生命保険に入っているということです」

「それは、大きいですね」

「ご主人の年収が手取りで 500 万円、月額 45 万円としましょう。住宅ローンは月々のご返済とボーナスの返済でいくらになりますか？」

「えーと。毎月 8 万円弱とボーナスで 25 万円です」

「年間ですと 144 万円、月平均で 12 万円ですね？　45 万円から住宅ローン 12 万円は引けるので残り 33 万円。そこからさらにご主人の食費 3 万円、衣料費 2 万円、生命保険 2 万円、携帯 1 万円、お小遣い 3 万円、冠婚葬祭費等の予備費として 2 万円を引くと残り 20 万円になります。これが今も、奥様とお子様に必要な生活費ということになりますね」

「主人のかかっている費用を引くと、こんなものなのですね」

「大黒柱のご主人が毎月稼ぐのに必要な費用と考えますから、このくらいはかかりますよ。それに住宅ローンがかからないのは大きいですね」

「じゃあ、毎月 20 万円入ってくる保険が必要ということね」

「そうではありません。**図表 13** の遺族年金が月 14 万 9,000 円入ってきますから、20 万円 − 14 万 9,000 円 = 5 万 1,000 円が毎月の不足額になります。このほかに、市町村の福祉制度があります。お子様が 18 歳になるまで奥様もお子様も健康保険料が無料です。これだけで、実質 2 万円の収入と考えられますね。さらにお子様、奥様がどこのお医者さんに行っても自己負担 3 割分も無料です。治療費も無料の分を加味すれば、医療費だけでも 3 万円の負担減イコール収入と考えられますね」

「医療費がかからないのは、大きいですね。子供が順番にカゼをもらってきて最後は私に移るんですよ」

「さらに小中学校の間は給食費が無料ですから、お 2 人で 8,000 円から 1 万円の負担減になります。遠足代、小学校 5 年の林間学校、6 年生の修学旅行費用もすべて無料です。ということで、合計しますと小中学校時代は福祉による収入が 4 万円以上ありますので、不足額から引くことができます。5 万 1,000 円 − 4 万円 = 1 万 1,000 円（月額）の不足額に

101

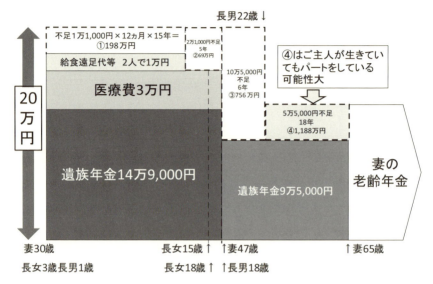

なるわけです。高校時代は給食や遠足代は無料になりませんので月額2万1,000円の不足。概算は**図表15**をご覧ください。

お2人のお子様が大学を出るまで約1,023万円あれば、大体ご主人がいらっしゃったときと同じ生活レベルが保てるということです。これに教育費用として1,600万円（1人800万円ですが、公立の幼稚園、小中高、国立コース）をプラスして必要最適保障額は約3,000万円ということになります」

「なるほど」

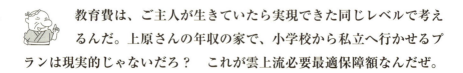

教育費は、ご主人が生きていたら実現できた同じレベルで考えるんだ。上原さんの年収の家で、小学校から私立へ行かせるプランは現実的じゃないだろう？　これが雲上流必要最適保障額なんだぜ。

第3部　プレゼンテーション

「④の奥様の生活費ですが、月15万円くらいはかかると思います。不足額の5万5,000万円ですが、これはぜひ社会的接点を持つ意味でもお仕事をされて、お友達作りをしていただきたいと思います。実際にご主人が生きていらっしゃってもお子様の手が離れたら、皆さんお仕事をされている現実があります。必要最適保険金額の設定はあくまでもご主人が生きていらっしゃったときと同じ、今と未来の生活レベルです」

「たしかに、家にいても子供も大きくなって家にいないでしょうし、主人も昼間はいないのではお金があっても、つまらないかもしれませんね。きっと将来は仕事をしているでしょうね」

「私の叔母なのですが、叔父が残念なことに通勤中に車にはねられて亡くなりました」

「まあ」

「通勤中の死亡事故ですので、会社の退職金、労災、相手から自動車保険による賠償金、さらに生命保険と相当なお金が出たはずです。しかし、叔母はスーパーに行ってパートをしていました。お金があっても一人ではさみしい。お友達作りも兼ねて仕事をしていました」

「なるほど。主人が元気でも、私もきっと④の時期は仕事をして6万円くらいは稼ぎたいですね」

「奥様、その通りです。進学費用にしても私立幼稚園、私立大学にすれば不足額が出ますが、これもご主人がいらっしゃっても同じです。やはり大学に行けばほとんどの学生は、不足する学費やお小遣いはアルバイトをして賄っています」

「そうですね」

「いかがですか？　住宅ローンの保険や遺族年金等の公的保障がなくて、3,000万円が必要最適保障だなどとは申し上げられません。しかし、すでに準備されている金額が7,000万円もあるので、こういう保険金額が出てくるのです」

「なるほど」

「もちろんすべて生命保険で不足額をカバーすることもできますが、このシミュレーションが起きる確率より 60 歳から 30 年生きる確率が高いので、両方の費用のバランスを取る必要があるのです」

「長生きするのに必要なお金の方も興味あるなあ」

「では、次の老後の資金準備を賢く貯める話をさせてください」

「そちらの方が聞きたくて雲上さんに来ていただいたんですから」

Lesson23 のまとめ

　遺族の生活費を月額でシミュレーションする話は、少し細かいことではある。これは、自分の勉強のために入れたレッスンなので、すべてお客様に話すと、お客様がかえって混乱するかもしれないので注意が必要。初心者の場合は、まずレッスン 22 の表で必要な保障額を理解し、次の老後資金準備の話に展開したほうがよい。

　それと保障を 3,000 万円以上は売るなと言っているわけではない。年収が 700 万円、800 万円と高いご家庭は多少不足する分を上乗せして提案しても OK。参考までに、年収が 700 万円前後の方は住宅ローン、ご主人のスーツ、小遣い、食費が高いだけで、母子の生活はご主人の生活費を除いたら年収 500 万円前後の家庭とそんなに変わらないことが多い。

第4部

老後に関する提案

Lesson ㉔ 60歳以降の生活費モデルパターン

◆定年後の夢を聞く

「**図表16** を見てくれ。これはな、俺の弟子がお客様からの情報を集めて作ってくれた表なんだぜ」

「わあ、これで年金生活をする人の生活のイメージを伝えることができますね」

「細かい説明は必要ないと思うが、いくつかのポイントを挙げるぜ。まず夫婦の共通の趣味とか旅行とか定年後の夢を聞くんだ。それで問題になるのが、この趣味・スポーツ費が夫婦で1万円というところだ」

「1万円じゃ、ゴルフなら練習場だけですね」

「そこんところだな。あと大きいのが夫婦それぞれの親戚、友達の冠婚

図表16　60歳以降の生活費のモデルパターン

生活費	
食費	40,000円
衣類	20,000円
雑費	20,000円
小計80,000円	

健康維持費	
健康食品費	10,000円
散髪・美容費	10,000円
趣味・スポーツ費	10,000円
小計30,000円	

交際費	
親類・友人冠婚葬祭	30,000円
外食費	10,000円
小計40,000円	

光熱費等	
自動車関係月割	15,000円
電話・インターネット	20,000円
水道光熱費	20,000円
税金・社会保険料等	45,000円
小計100,000円	

合計250,000円

第4部　老後に関する提案

葬祭費用だ。ご主人が若くして万が一死亡したときのシミュレーションでは、ご主人側のこういったお付き合いの費用はなくなっていくと説明したんだったな」

「そうですね。長生きをしていくと、この交際費は夫婦で考慮しなくてはいけないということですね」

「そういうことだな。上原は、遠方に叔父さん、叔母さんとか、甥っ子や姪っ子さんはいるのかな？」

「はい、北海道にいます」

「てぇことはだ。その甥っ子や姪っ子が『おじちゃんおばちゃん、僕（私）結婚するから北海道まで来てね』という日が来るわけだな」

「そうですね」

「そんときに『おじちゃんおばちゃん、お金ないからお祝いだけ送っておくね』っていうわけにはいくまい」

「そう、ですね」

「だろ？　ってことはだ。場合によっては夫婦で北海道まで飛行機で行って式に参列したら、出費は結構大きいだろ？」

「そういうことも考えて、毎月4万円を計上しているわけですね」

「そういうことだ。毎月かかるわけじゃないが、いざというときには相当まとまったお金がかかるだろ？　夫婦で長生きするのも大変だ」

「本当ですね」

「これで毎月25万円だ。この生活って贅沢かあ？」

「いえ贅沢ではなく、むしろ質素です」

「問題はまだあるんだぜ。このシミュレーションは、ずーっと元気でぴんぴんころりと天国に夫婦同時で行かないといけねえ」

「同時にぴんぴんころりなんてわけにはいかないですよね」

「そういうことだ。この25万円の中には医療費の自己負担分や介護費用だって計上していないんだぜ。ってことは、この生活費を確保したうえで、やはり貯金が必要だってことだ」

「なるほど」
「上原、お前さんがセールス役でやってみろ」
「はい、頑張ります」

～～～～～～～～～～～～～～～～～～～～～～～～～～～～～

「雲上様、この図表16は平均的な老後の生活費です」
「おお、月25万円ですか」
「はい、ご夫婦共通の趣味かやりたい趣味やスポーツはありますか？」
「定年後は、2人でゴルフしたり、旅行に行ったりしたいですね」
「それは、いいですね。でも予算はご夫婦で月1万円です」
「それじゃあ、練習場にしか行けないですね？　ところで、私が早く亡くなったときは、母子3人で20万円くらいあれば何とか生活ができるシミュレーションがありましたよね。なぜ夫婦2人で25万円が必要なんですか？」
「雲上様、さすが鋭いですね。実はご夫婦で老後を迎えると、交際費がダブルでかかるんですよ」
「ダブルで交際費？　飲み代とかのことですか？」
「いえ、ご親戚やご友人の冠婚葬祭費です。雲上様は、地方に叔父さんや叔母さん、甥っ子さん、姪っ子さんはいらっしゃいますか？」

上原、うまい切り返しだ。若いときよりかかるのが、この冠婚葬祭費用だ。

「札幌にいますが」
「そうしますとその甥っ子さん、姪っ子さんから『おじちゃんおばちゃん、僕（私）結婚するから式に来てね』って招待されたら、『おじちゃん、おばちゃん、お金ないからお祝いだけ送っておくね』って言えますか？」
「そういうわけにいきませんね」

第4部　老後に関する提案

「そうしますと、場合によってはご夫婦で参列するということになれば、飛行機代、外食代等大きなお金が必要になりますよね」

「それはそうだ」

「毎月かかるわけではないですが、月4万円はいざというときのために取っておくということで、交際費を4万円計上しているわけです」

「なるほどね。夫婦で長生きすると、私と女房それぞれの親戚や友人のお付き合いが増えるということですね」

「雲上様、その通りなんです。あとは、水道光熱費、税金、町内会費、インターネット接続料等どれもカットできない費用です。この合計が25万円というわけです。しかもこの中には、自己負担分の医療費や介護費用は入っていないので、ご夫婦が一緒にぴんぴんころり、というのが条件なのですが」

「一緒にぴんぴんころりとはいけないんじゃないですかね？」

「では、やはり余裕のある老後には、生きがいを持って長く働くということと、貯金が必要ということは賛成していただけますか？」

「賛成です」

「上原いいロープレだった。グレートだぜ！」

「ありがとうございます」

Lesson24 のまとめ

　老後の資金準備の必要性をおじちゃん、おばちゃん、甥っ子さん、姪っ子さんという具体例を使ったトークが必要になる。貯金といっても長生きすればいくらあっても生活費は不足する。とくに医療費や介護費などもばかにはできない。そこで、今後は「生きがいを持って長く働く」という新しい生き方の提案も必要といえる。

Lesson 25 老後資金シミュレーション

◆ 25万円以上の生活を送るには

「今日は、実際いくら老後資金が不足するのか、貯めるべきお金はいくらになるのかを計算するレッスンだ。レッスン24で月25万円は絶対確保したい生活レベルだが、それじゃあ旅行も行けねぇし、趣味もさみしい限りだ。医療費や介護費もできればほしい。だから月30万円はできたら準備してもらいたいね」

「でも月30万円の生活費をどうやって確保するかですね」

「生命保険協会では、ややゆとりのある生活には、36.6万円が必要だって言ってるんだぜ。夫婦それぞれの趣味を持ち、春秋には温泉旅行、年1回はハワイというレベルだぜ」

「それは、いいですね」

「要するにだ。25万円以上の生活レベルが送れるかどうかには、3つのポイントがあるんだ」

「3つですね」

「ひとつは、退職金がいくらあるかだ。2つ目、住宅ローンの残債がいくらか、3つ目はこれが一番大事だが、**60歳以降の仕事がいつまでできるか?　そしていくら稼げるかだ**。ここでは図表17を使うんだ。実際にはそれぞれ皆さんの金額が違ってくるからな。ポイントはさっきも話したように、退職金と住宅ローンだな。退職金から住宅ローンの残高を引いた残りが1,500万円以上ねぇとな、月30万円コースはちと難しいな。その場合は25万円コースでシミュレーションするんだ」

第4部　老後に関する提案

「それでは雲上様、老後の生活を豊かにするためにどのくらいの資金を準備したらいいか、計算してみましょう」
「はい、お願いします」
「雲上様、雲上様の会社の先輩たちはいくらくらいの退職金をもらっていますか？」
「うちの上司が退職したときは 2,600 万円くらいもらったみたいですが、今後は 2,000 万円くらいに減らされるみたいです」
「雲上様ならもっともらえると思いますが、ではとりあえず 2,000 万円で計算しましょう。60 歳時に住宅ローンの残債はございますか？」
「500 万円くらいは残っていますね」
「では、退職金からローンの残債を引きますと 1,500 万円ですね。60 歳以降の生活費なのですが、25 万円コースと 30 万円コースがあるのですが、雲上様は退職金が 1,500 万円残りますから、75 歳まで 30 万円、それ以降は 25 万円で生活するシミュレーションをしてみましょう」

退職金からローンの残りを引いた残高が 1,500 万円以上ないと月額 30 万円の生活は難しい。25 万円で不足額を計算するんだ。

「そうですね。元気なうちは旅行もしたいですし」
「はい、かしこまりました。雲上様ご定年は？」
「60 歳です」
「御社は 65 歳まで仕事ができると思うんですが…」

高齢者雇用促進法で大企業なら 65 歳まで仕事ができる。ただし定年の延長ではないので、雇用形態は非常勤であったり、所得が半分くらいに下がったりする場合がある。

「はい、先輩たちも 65 歳を過ぎても働ける人は働いています」

111

「それは、素晴らしいですね。一部上場会社の9割の会社の社員は60歳を過ぎると所得が半減しているという報告がありますが、雲上様はどのくらいお給料をもらえそうですか？」

「まあ、半分と計算して、手取りで20万円でいいですよ」

「そうですか。雲上様はもっと稼げると思いますが、とりあえずそれで不足額を計算していきましょう。60歳から65歳まで月30万円に対して10万円不足ですから、5年だと600万円です」

「はー、結構足りませんね」

「こうやって不足額を計算していきますと、図表17のようになります。お2人の年金を計算しやすく20万円にいたします。同級生の男性が半減するのは83歳ですから、90歳までの不足額を考えます。トータルで2,880万円です。退職金の残りが1,500万円ありますので、不足額合計は1,380万円になります」

「1,380万円ですか」

図表17　老後資金シミュレーション

> 75歳まで月30万円
> 90歳まで月25万円で生活

退職金2,000万円－住宅ローン残債500万円 ＝1,500万円

①+②+③+④=△2,880万円　△2,880万円-1,500万円= △1,380万円

現役時代の収入

① 600万円

② 540万円

③ 840万円

④ 900万円

30万円

25万円

奥様の年金5万円

年金空白期間 継続雇用 20万円

ご主人の厚生年金15万円

試算は概算です　　60歳　　65歳　　68歳　75歳　　90歳
奥様 65歳

第4部　老後に関する提案

「はい、これは75歳まで30万円、それ以降は多少食も細くなるでしょ
うし、旅行もそんなに行かないであろうということを前提にしています。
さらに、医療費、介護費用は考慮していません」
「でも、これ以上の貯蓄は難しいんじゃないかな」
**「はい、ですからお元気なうちは65歳以降もぜひお仕事をされることをお
勧めします」**
「まあ、うちの先輩たちも65歳を過ぎても元気に仕事をしている人が
多いんですよ」
「65歳から25年の人生があるとしましたら、25年間サンデー毎日です。
毎日ゲートボールやグランドゴルフでは生きがいがありませんよね」
「まあ、たしかに25年も遊んでいたらおかしくなっちゃうでしょう」

Lesson25 のまとめ

　老後資金シミュレーションは、長く働くことを前提として計算し
ないと貯金だけでは無理である。20世紀のように「60歳まで働い
たら退職金＋年金で悠々自適」、なんていう時代は、とっくに終わ
っていることを自覚すること。

Lesson 26 医療費の自己負担増の 問題を共有する

◆命はお金と情報（良い医者）で守られる
「さあ、レッスン26だ。レッスン25までは元気で生きていくためのお
金の準備だったな。これから、医療費用がどれだけ必要か？　入るべき
医療保険はどうあるべきかについて勉強する。さらに、お金だけじゃあ

113

ダメだぜ。良い医者、良い治療情報をお客様が元気なうちにお知らせしておくこと。この情報こそが保険なんだぜ」
「はい先生、よろしくお願いします」
「じゃあ、医療に関しては俺がロープレをやるから相手になれよ」
「はい」

〰〰〰〰〰〰〰〰〰〰〰〰〰〰〰〰〰〰〰〰〰〰〰〰〰〰〰〰〰〰〰〰〰〰〰〰

「上原様、**図表18**をご覧ください」
「2000年に医療費の総額が31兆円を超え、健康保険組合の8割が赤字になりました。これは大変と、2002年10月にまず、老人医療制度を改定しました。老人医療制度は2002年9月までは、70歳になったらそれ以降の健康保険料は無料。自己負担も、どの病院に毎日通院しても月3,200円どまり。何日入院しても月5,000円しか負担しないで済みました。昔のおじいちゃんやおばあちゃんはよかったですね」
「すごく恵まれていたんですね」

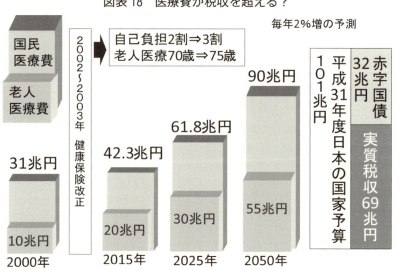

図表18　医療費が税収を超える？

第4部　老後に関する提案

「はい。ところがこのときの改定で、2002年10月からは老人医療制度でも75歳まで保険料を払い続けることになりました。通院と入院はそれまでの定額制から原則1割の定率制になりました。当時は、毎日内科、外科、歯科、接骨院と通っても月額の負担は3,200円でよかったわけですから、病院がまるで老人クラブのようになっていたそうです」

「なんか聞いたことありますね」

「はい、『上原のおじいちゃん、今日は病院にいないねえ』『そうそう、今日は体の調子が悪いみたいだよ』という嘘みたいな本当の話があったんですよ」

「おもしろいですね。体の調子が悪いから今日は病院に行かないなんて、本末転倒ですよね。でも、それだけある意味ムダな医療費がかかっていたわけですね」

「そういうことです。この改定により、俗に言われていた病院のサロン化にストップがかかったわけです。2003年4月からは我々現役世代の自己負担も2割から3割に増えました」

「そうですよね。つい昔まで我々の自己負担は2割だったんですよね」

「そうです。さらに2008年10月から後期高齢者医療制度になり、75歳を過ぎても厚生年金を受給している人は、保険料を4,000円〜8,000円を亡くなるまで払うことになりました（概算です。公的年金以外に収入のある方は現役並みの保険料を負担している人もいます）」

「まあ、大変だけど見せていただいた、あの生命表を考えれば、お年寄りにも負担をお願いしなくてはいけないんでしょうね」

「はい、このように皆さんの自己負担増に健康保険制度改革を進めましたが、2015年には国民医療費は、42兆円を超えました。毎年の医療費は年々2％以上増え続けるという予想でいくと2025年には50兆円、2050年には80兆円以上になります」

「なんかピンとこない数字ですね」

「平成31年の国家予算は101兆円で、そのうち税収が69兆円です（概

算）。このままだと、医療費が税収を超えていくという予想です」

「そんなの、無理なんじゃないですか？」

「そうすると、これは予想で現実にはならないとすると、上原様の今後の医療費の自己負担は減るでしょうか？　増えるでしょうか？」

「減ることはないでしょ。どんどん自己負担が増えていくということですか？」

「そうですね。まあ、今の３割の自己負担が４割５割と増えていくことはないと思いますが、すでにある制度として、健康保険の効かない治療法があるんですよ」

「歯医者にあるような、いわゆる自由診療っていう治療ですか？」

「はい、自由診療ではないのですが、先進医療制度って聞いたことはありませんか？」

「聞いたことはありますが、どんな制度ですか？」

「厚生労働省が有効な治療法であると認めているのですが、治療費は全額患者さんの自己負担になる制度です」

「今後は、そのような健康保険の効かない治療法が増えていくかもしれないということですね」

「その通りです。アメリカ国立がん研究所の小林久隆先生が開発した『近赤外線免疫療法』という画期的ながんの治療法が、現在日本でも治験（国立がんセンター東病院で2018年から行われている）を開始しています。その他にも、ゲノム遺伝子治療等お金がかかりそうな治療法が開発中です。うまくいけば10年後にはがんは死病ではなくなるかもしれませんね」

「へー。ありがたい治療ですけど、高額な自己負担は困りますよね」

「そうですね。さらに上原様が75歳になりました。『さあ、上原のおじいちゃん、75歳以降、保険料は7,000円でいいですよ。自己負担も１割の負担でいいですよ』という後期高齢者医療制度って続いていますでしょうか？」

116

第4部　老後に関する提案

「雲上さんなら、『てやんでい、無理に決まってんだろうが！』という話ですよね。いえ、失礼しました。無理でしょうね」

　雲上が吹き出しそうになったのを押さえて、本気モードになった。

「上原様、健康保険は自賠責保険とお考えください。国の健康保険だけでは、いい治療は受けられないかもしれません。自己負担増の対策が必要ですよね」

「まあ、なくて困るのは我々夫婦ですからね」

「そうです。医療費の自己負担増の対策は、貯金ですと使い切ってしまうおそれがあります。国の健康保険でカバーできない費用を民間の医療保険で補う必要が出てくると思います」

「今、宣伝しているがん保険や医療保険には入っていますよ」

「はい、ですが入院日数を減らすのは国策になっています」

「国策ですか」

「はい、図表18の通り医療費がこのままですと、どんどん膨らんでいきます。医療費を抑えるために政府は入院日数を減らすように病院に強く指導しています。実際長く患者さんを入院させると、病院の収入がどんどん減っていく仕組みになりました。治療法、医療技術の進歩もありますが、がんや脳疾患、心臓疾患のような大病でも長い期間の入院はしなくなっています」

「たしかに、この間親戚の叔父さんが心臓の弁の手術で入院しましたが、ちょうど1週間で退院したのには驚きました」

「そうなんです。ですから医療保険やがん保険も入院1日いくらだけの保険では、いざというときにあまりお金が出ないということになります。ということで、入院や通院日数に関係なく、一定のがん、脳疾患、心臓疾患と診断されたら、一時金がたくさん出る保険が必要な時代になりました」

「それは必要ですね」

117

> **Lesson26 のまとめ**
>
> 図表 18 を使って今後の医療費の自己負担増にかかる問題を、お客様と共有する。入院日数が短くなっている事実もお知らせするとよい。保険は、安心や環境で選んではダメということ。今、予想できる将来の環境の変化に対応した提案が必要だということを、お客様に自覚してもらうことが大切。

Lesson 27 良い医者と体にやさしい治療

「ここからは、良い医者の情報にロープレを展開してみるぞ」
「分かりました」

「それと、命にかかわるような3大疾病は、お金だけでは不十分です」

図表19 がんと告知されてもあわてない

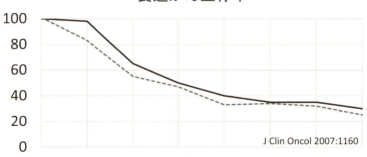

第4部　老後に関する提案

「と言いますと」
「冒頭で申し上げましたように、体にやさしい治療をしてくださる、良い先生の情報がとても大事です」
「そうでしたよね」
「はい、寅さんは肺がんの手術で4日後に亡くなっています。肺の手術を受けるだけの体力がある人が、手術をしなかったら4日後に亡くなることはなかったと思います。勘三郎さんも、食道がんの手術後4ヵ月で亡くなりました。入院の前日にはゴルフコンペで準優勝するほど元気でした。欧米では、食道がんの標準治療は放射線治療です。日本では、ほとんどのがんの標準治療は手術です」
「がんと言われると、切らなければならないと思いますよね」
「図表19をご覧ください。欧米で行われた食道がんの外科手術と放射線治療の生存率追跡調査のグラフですが、手術も放射線もほとんど生存率に変わりがないことが見て取れると思います」
「本当ですね」

日本のがんの標準治療の70〜80％が手術。欧米はまったくその逆だ！！　生存率は変わらないぜ！！

「特に術後6ヵ月以内の部分を見ますと、手術の方は20％近い方が亡くなっています。放射線の治療を受けた方はほとんど亡くなっていませんよね」
「これを見たら私は絶対手術は受けたくないですね」
「勘三郎さんが手術を受ける前にこれを見たら、同じ答えが返ってきそうですね。たぶんこういう情報は知らなかったと想像できます。できればなっていただきたくはないですが、いざ、このような病気になったとき、上原様ご夫妻にとって最初に治療をしてくださる先生によって、その後の人生がまったく違うということがご理解いただけますか？」

「よく分かります」
「こういった情報こそが保険ではないでしょうか」
「たしかにその通りですね。お医者さん選びがとても重要なのが分かりました」
「私は、お客様がこのような命にかかわる病気になったとき、ご要望があればお客様と同行して、ご一緒に先生のセカンドオピニオンに立ち会うサービスを行っています」
「それはありがたいですね」

セカンドオピニオンアテンドサービスが差別セールスになるポイントだぜ。

> **Lesson27 のまとめ**
>
> 　最初に治療を受ける先生によって、その後の人生がまったく変わるという事実がある。だから本やインターネット、テレビだけでなく、直接先生に会って情報を収集することも必要になる。こういったサービスができることが差別化セールスにつながってくる。このあたりのトークも、普段から練習しておくことが肝要だ。
> 　大切なのは、こういった医療情報の提供は、お客様が元気なうちしか役に立たないということである。我々は、医者ではない。だから病気になる前に既契約者の所に出向いて情報を常に伝えておくことが大事である。普段情報をお知らせしておかないで、お客様ががんになったとき「その手術ちょっと待った」なんて言っても、誰も聞いてはくれない。
> 　病気になった後はお医者様の領域である。その前にこういった情報提供をしておけば、医者に「切るしかない」なんて言われても、お客様はあわてずに我々のところに電話してきてくれるはずだ。

第4部　老後に関する提案

Lesson 28 介護費用

◆人生最後の5年7ヵ月は要介護状態になる！？

「上原、お前さんは将来、介護状態になると思うか？」

「うーん。なりたくないですね」

「そのレベルじゃあ、介護の問題をお客様と共有できないぜ。いいか、お前さん75歳以上長生きしてぇだろ？」

「もちろん、元気で長生きしたいですね」

「じゃあ、お前さんの人生の最後5年7ヵ月は要介護状態であることを覚悟するんだな」

「ご、5年7ヵ月もですかぁ？」

「何を今さら、とぼけたことを言ってんだい。あのなぁ、長生きと介護はセットだ。今はがんも心筋梗塞も脳卒中も簡単には死なない。言い方を変えりゃあ簡単に死なせてくれないってことだ。たしかに平均寿命は伸びたが、健康寿命ってぇのが大事だな」

「健康寿命と平均寿命って違うんですか？」

「おうよ。大体な、健康寿命は平均寿命より7、8年短いっていうデータもちゃんとある」

「そうすると、人は亡くなる前の5年くらいは本当に介護が必要になるということですね」

「理解したか？」

「介護はみんなの問題ですね」

〜〜〜〜〜〜〜〜〜〜〜〜〜〜〜〜〜〜〜〜〜〜〜〜〜〜〜〜〜〜〜〜〜〜〜〜

「雲上様。雲上様は亡くなる前に介護状態になると思いますか？」

121

図表20　要介護認定者数の推移

	実態	厚労省 2020年予想	増加率
2000年4月末	218万人	300万人？	38%
2004年末	411万人		88%
2018年12月末	644万人※		300%

出所　2019年3月25日NHKニュース

「なりたくないけど、どうなのかなあ」

「ご親戚の方で介護を受けて亡くなった方はいらっしゃいますか？」

「おばあちゃんが3年くらい介護を受けていたかなあ」

「この図表20をご覧ください」

「平成12年4月から公的介護保険制度が始まりました。当時、厚生労働省が予想していたのは、2020年には、要介護者数が300万人を超えるので、公的介護保険制度がいつまで持つのか心配というものでした。ところが、その介護保険制度が始まった2000年にすでに介護保険対象者が218万人だったのです。2004年には400万人を超え、2018年末現在644万人になりました。国の予想が大きくはずれています。介護保険が始まる前の年、1999年の調査で75歳を超えて亡くなる方の90％は最後の1年は介護が必要だったのです。それから19年経過して要介護者が600万人を大きく超えてしまっています。いかがですか？　介護は避けて通れない問題です」

「それでも要介護にならない自信はございますか？」くらいの質問をぶつけてもいいかもしれねえな。介護保険が始まった2000年当初は、自分は要介護状態にならないで、死ぬつもりなんて冗

第4部　老後に関する提案

談を言ってたお客様もいたが、今は自分の周りに介護を受けている親類や知人が多いので、この話にあまり反発してくるお客様はいねえぜ。

「今、人生の最期は介護状態にならないで亡くなるのは難しいということですね」
「残念ながら統計上はそうなります。でも介護年数を短くする方法があります。つまり健康寿命を伸ばすことができるのです」
「そうしたいですね。どうすればいいんでしょうか？」
「やりがいのある仕事を持つことです。現役で長く働く方はいつまでもお元気ですね」

いいねえ。新しい21世紀の生き方の提案だ。我々はな、保険証券を売るだけじゃない。Way of living.（＝新しい生き方）を示すんだぜ。

「そういった意味でも現役を長くしたいですね」
「できればやはり、公的介護保険の不足分を補う意味で、貯金にゆとりもほしいですよね」
「その通りですね」

> **Lesson28 のまとめ**
> 　介護の問題もお金だけでは準備不足になる。現役時代が長いほど要介護年数は短いというデータもある。

Lesson 29 共有した問題をまとめる

◆4つの問題を提起をする

「さあ、共有した問題をまとめてプレゼンにつなげるぞ」
「はい、4つの問題提起ですね」
「そうだ。死亡保障、老後の貯金、医療、介護だ」

~~~~~~

「それでは、お話を整理します。ご主人の死亡保障についてです。3,000万円の最適保障は絶対確保しますが、60歳以降の仕事をすることを考えまして、60歳で保障が切れないものを考えます」
「長い現役に備えるということですね」
「そして、保険料は一円もムダにしないことを考えます」
「そんな保険があるんですか？」
「あとで、ご覧いただきます」
「へー」

ほら、関心を持っていただいたぞ。

「それと必要最適保障の考え方はご理解いただいていますね」
「何でしたっけ？」

お客様は覚えていないことが多いから必ず繰り返し確認するんだぜ。

第4部　老後に関する提案

「遺族年金や市町村の福祉、さらに住宅ローンの保険で不足する分を、民間の生命保険で補うという考え方でしたね」

「ああ、そうでしたね」

「まあ、お子様がお2人とも大学に入られた以降、奥様の生活費が不足しますが、ご主人がお元気でも内助の功で、奥様も仕事をしていることを前提に保障を考えています。これも生命保険でカバーすることをご希望ですか？」

「まあ、私が生きていたと同じ生活レベルでしたよね」

「そうですね。また母子家庭になったら少しは今以上の暮らしをさせてあげたいという、ご主人の愛情部分は、お元気で長生きする資金の準備ができてから、考慮されてはいかがでしょうか？」

「確率的には90％以上60歳以降も長生きをするって分かりましたから、老後の貯金が心配になります」

「2番目がその貯金ですね。75歳まで30万円、その後は25万円で90歳まで資金を考えた場合1,380万円の不足でしたが、少し余裕を見て1,500万円を目指して貯金されませんか？」

「1,500万円ですか。できるかなあ？」

「たとえば、退職金が2,000万円でシミュレーションしましたよね」

「そうでした」

「失礼ですが、退職金2,000万円は絶対約束されている金額ですか？」

「絶対ではないですね」

「御社はそんなことはないと思いますが、大企業とはいえ倒産する時代ですから、60歳になって退職金がストップ、仕事も御社では続けられないという最悪の場合も保険屋は考えています」

「うちの会社もそれは分かりませんからね」

「御社は大丈夫だと思いますが、最悪60歳で退職金もなし、すぐに仕事が見つからない場合、雲上さんの年金は65歳まで一円も出ません。ですから、いかがでしょう？　この年金空白の5年分については、絶対

125

確保したい月25万円の生活費分1,500万円（25万円×12ヵ月×5年＝1,500万円）を目指して貯金していただきたいのです」

「なるほど、退職金がなくて仕事もすぐに見つからなくても1,500万円の貯金があれば、年金がもらえるまでの間何とか生活できるということですね」

「さすが雲上様、計算が早いですね。最悪に備えてとりあえず1,500万円の貯金を準備しておけば、実際には退職金も仕事もシミュレーション通りとすると、この1,500万円の貯金は余裕資金に回せますよね？」

「そうですね。65歳以降も仕事ができれば、この貯金をすぐに使わないで済むかもしれませんから、少し老後に余裕が出ますよね」

「やはり何回も申し上げましたように、65歳以降の仕事がキーポイントになります。ぜひ、雲上様の専門分野を磨いて『会社に残ってほしい』と要望される方になっていただきたいです。またはその専門を生かして独立できるように頑張ってくださいね」

「頑張ります」

「3番目は医療です。健康保険財政が厳しくなりますので、健康保険の効かない自己負担分をカバーできる医療保険をご夫婦でお持ちになる必要があります。保険期間はこれも途中で切れるものは困りますよね」

「それは困るから、ずっと保障のあるものがいいですね」

「そして、医療保険のポイントは入院1日につき、いくら出るというもの以外に、診断給付金のような一時金が出る保険が必要ですね」

「そうだったですね」

俺のお客様でがんの放射線治療を受けたんだが、入院させてくれなかった。手術や抗がん剤と違って副作用もなく、治療時間は20分と短いので通院になっちまったんだ。遠距離だったので通院というわけにもいかず、ホテル住まいになった。でも診断給付金が出たので交通費やホテルの宿泊費に充てることができて感謝されたんだぜ。今

第4部　老後に関する提案

後、お客様がこのような状況になることも想定して、なるべく多く診断
給付金が出るように設計するんだぜ。

「最後の4番目は介護の備えです。特に介護費用まで貯金でするのは難
しいと思います。ですから、退職金が予想通り支給され、1,500万円の
貯金があることが必要です。**この貯金をなるべく早く引き出すことのない
ように現役を長くされることが、介護費用の準備の方法です**」
「よーく分かりました」
「それではさっそく、今ご加入の保険や貯金をチェックいたしましょう。
この4つの資金が準備できていらっしゃいますか？」
「うーん。そんなこと考えて保険や貯金をしてませんから、不足すると
思います」
「不足する部分があれば、私からご提案させていただいてよろしいです
か？」
「はい、お願いします」

> ### Lesson29 のまとめ
> 　共有した問題をまとめて分かりやすく説明することで、これから
> 拝見する保険や、貯金の問題点が浮き彫りになる。

Lesson 30 定期保険と終身保険を説明する

◆感動的な説明が信頼を得る
「レッスン29まで行けば、お客様の方から証券を見せていただけるが、

その前にお客様に定期保険と終身保険を分かりやすく、感動的に説明するんだ。そうすりゃこれだけで、信頼をいただくことになるんだぜ。だからな上原、馬鹿にしねえで雲上流のプレゼンをよーく聞いてマスターするんだぞ」

「素直に伺います」

「よしきた。雲上流は会社じゃあ教えてくれねえちょっとユニークなプレゼンだからな。それじゃあロープレをやるぜ！」

「上原様、生命保険には定期保険、養老保険、終身保険と３つのタイプがあります」

「はい、３つですね」

「図表21をご覧ください。簡単に３つの保険を説明いたします。定期保険の『定期』は読んで字のごとく一定期間を保障する保険ですが、かけ捨ての保険です。短い保険期間であれば一番保険料が安いのがメリットです。養老保険は死んでもらえる金額と満期時にもらえる金額が同じ

図表21　３つの保険の形

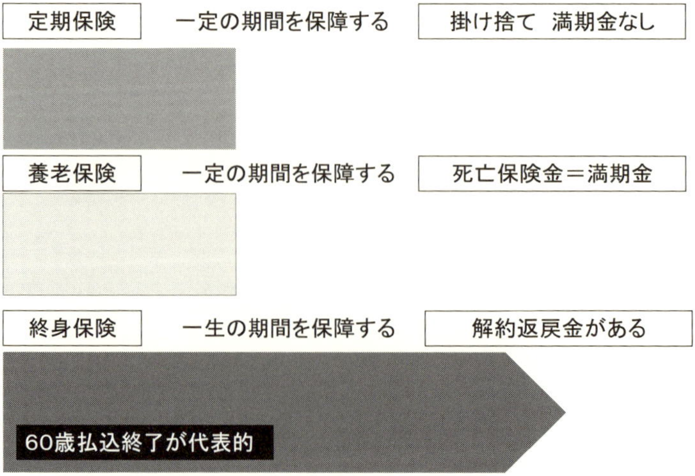

| 定期保険 | 一定の期間を保障する | 掛け捨て　満期金なし |

| 養老保険 | 一定の期間を保障する | 死亡保険金＝満期金 |

| 終身保険 | 一生の期間を保障する | 解約返戻金がある |

60歳払込終了が代表的

保険です。貯蓄性が高いので保険料と考えれば、同じ期間の保険であれば養老保険は一番保険料が高くなります。終身保険は一生の保障をする保険で、実をいうと養老保険の仲間です。ですから途中解約したときお金の戻りがあります。一生保障で一生保険料を払うのは大変ですから普通売られているのは60歳まで保険料を払い込んで、そのあとずっと保障が続くものです」

 まあ、ここまでは図表21を見ながら簡単に説明することにする。あんまりここまではユニークじゃあねえなあ。

「図表22をご覧ください。定期保険と終身保険について少し詳しくご説明いたします」
「はい」
「①の10年満期定期保険1,000万円について説明いたします。30歳から10年間だけ保障を買う形になります。保険料は2,200円と大変安い

図表22　2つの定期預金

① 10年満期定期保険1,000万円
2,200円⇒　3,600円⇒　6,700円⇒
保険料合計30年間で150万円
30歳　40歳　50歳　60歳

② 60歳満期定期保険1,000万円
月額保険料3,900円で一定
保険料合計30年間で140万4,000円
30歳　　　　　　　　　　60歳

どちらがお好みですか？

金額で万が一10年の間に死亡した場合は、ご遺族に1,000万円出る保険です」

「2,200円で1,000万円の保障ですか？　安いですね」

「はい、ただし10年後40歳になりますと満期が来ます。それ以降更新しませんと保障はなくなり、掛け捨ての保険ですから満期金は一円もありません」

「更新といいますと？」

「はい、自動更新という特約がこの定期保険には付いております。40歳になって保険が切れては困るというのであれば、さらに10年保険を続けることができます。30歳から40歳の間でもう保険に入れないような重大な病気やけがをされても続けることができるのが、自動更新のメリットです。ただし保険料は40歳の年齢で再計算しますので、3,600円に上がります」

「なるほど」

「50歳になって、まだ60歳までやはり保険が必要であれば、やはり更新して保険を続けることができますが、保険料はここで一気に6,700円に上がります」

「50歳になるとずいぶんと保険料が上がるんですね」

「そうですね。30年間のトータルの保険料は約150万円です。これが30年間の安心料ということになりますね」

「30年間で150万円かぁ」

「②の60歳満期1,000万円の定期保険についてご説明します。こちらは、60歳まで保険が切れません。保険料は3,900円で60歳まで上がりません。30年間の保険料は約140万円です」

「②の方が60歳まで掛けるなら安いんですね」

「そうなります。ですから①の保険を選ぶ人は、50歳以降保険の要らない人といえるかもしれませんね」

第4部　老後に関する提案

「なるほどね。60歳まで保険が必要なら、②の方が30年間の保険料は10万円位安いということですね」
「上原様、さすがです。計算が早いですね」
「うちの場合は、50歳までに子供が2人とも大学を卒業しますから保険が要らなくなるかもしれませんね」
「そうですか？　お子様が大学を卒業した後、保険が要らないそうですよ、奥様！」
「子供が卒業したってその後、あなたに何かあったら私が困るわ」
「その通りですよね、奥様。奥様にそのあともお給料やボーナスを持って来ていただける上原様に万一のことがあったら、その後の奥様の生活保障はどうされるんですか？」

　奥さんを味方にするんだぜ！

「ううっ。50歳以降も保険は要るのかあ？」
「次にドルの保険10万ドルについて説明します。なぜドル終身保険をお勧めするのかといいますと、昨今、円の終身保険は保険料が高く、ドル終身保険と比べると3割から4割（※）も保険料が安いこと。予定利率も円の終身保険は0.5〜1.2％（※）でドル終身保険は3％前後と高く、為替リスクはありますが、将来の貯蓄効果が期待できるということで、今回はドル終身保険をお勧めします（※各会社によって違います）。

　為替リスクについては後で、設計書の別表でご説明いたします。1ドル110円で円に替えると約1,100万円です。名前の通り一生涯の保障がある保険です。満期はありませんが、保険料の払込み終了は60歳です。毎月の保険料は1万5,300円と定期保険に比べると圧倒的に高いですね」
「ずいぶん違いますね」
「60歳までに払い込む保険料が550万円です」

ここからがユニークな説明だ。完全に覚えちまうんだぜ。

「図表23をご覧ください。終身保険には3つのメリットがあります」
「3つのメリットですか?」
「はい、一つ目は550万円の投資で1,100万円の財産を必ず奥様お子様に残すことができます。550万円の投資で確実に1,100万円の財産を作れるのです。ほかの金融商品でございますか?」
「確実な商品はないよね」
「でも550万円の投資をされるのは、上原様で受け取るのは、奥様、お子様だといかがですか?」
「そうか、僕が死んだ後、家族が受け取るのか? あんまり嬉しくないですね」

図表23 終身保険は財産

第4部　老後に関する提案

「終身保険のメリットその2です。60歳以降は保険料の払込みはなくなります。もし60歳でこの保険を解約すると、610万円のお金が戻ってきます。言い方を変えますと、**確かに毎月の保険料は①②の定期保険と比べたら圧倒的に高いですが、60歳で610万円保険料がそっくり戻ってくる、しかも60万円利息が付いて戻ってくると考えたら、60歳までの保険料は終身保険が一番安いということになりませんか？**」

「なるほど、月の保険料は高いけど、60歳まで払えば保険料におつりが付いて戻ってくるのかぁ。そう考えればなんか終身保険が一番安いですね」

「安いは高い。高いは安いんです。確かに①②は毎月の保険料は安いんですが、30年後は①で150万円、②で140万円は安心料で戻ってきません」

「なるほど、終身保険はムダがないんですね」

「これが、終身保険の2つ目のメリットです。3つ目のメリットは、奥様として『保障も残してほしい』でもご主人様は『生きているうちにお金を引き出したい』両方を可能にすることです。1,100万円の保険から一部お金を引き出して一部は保険を残すことができるのです」

「そんなことができるんですか？」

　　　ここでは、減額とか契約者貸付の話をしてしまうとお客様が混乱する。情報が多すぎてはダメだ。3つのメリットとして、分かりやすくシンプルに話すことが大事だぜ！

「はい、①1,100万円の財産を全部ご主人が死亡保険として残す。②全部解約してご夫婦で生きているうちに使う。③1,100万円の保険から一部お金を引き出して一部奥様のために保険で残しておく。この3つの使い方があるのです」

「こういう説明を聞くと終身保険のメリットが分かりやすくなるねえ」

133

「ありがとうございます。さらにもう一つの考え方もあります。1万5,300円を毎月サクセス生命の口座に積み立てると考えてはいかがでしょうか？ 1万5,300円の積立合計は550万円です。60歳で積立を下ろすと610万円、すなわち、60万円の利息が受け取れるということですね。預金金利で60万円の利息付きますか？」
「ないね」
「さらに、積立をしている間、1,100万円の保険がおまけについている積立と考えることができませんか？」
「なるほど。そう考えると財形よりもいいかもしれませんね」
「掛け捨ての保険とゼロ金利の預金をするより、効率が良いと思いませんか？」
「なるほど」

さらに、60歳以降の保障が必要なことを思い出していただくんだぜ。

「上原様。65歳まで年金が出ませんよね」
「そうですね」
「当然65歳までは、仕事をしていますよね」
「そういうことになりますね」
「では、60歳で保険が切れては奥様が困りますよね」
「そうですね」
「65歳以降の年金は、小泉政権時代の改革で2020年まで毎年0.9％ずつ下がっていきますから、上原様が65歳になる頃にはご夫婦で18万円を切ることが予想されます。18万円以下の年金と不足分を退職金・預金を取り崩して90歳まで生きるとしたら、老後資金は足りますか？」
「足りないんだったよね」
「その通りです。申し上げていますように、65歳以降もなるべく長く

第4部　老後に関する提案

働いて、貯金や退職金を温存していかれますと、完全リタイア後の生活費や医療・介護費用に回すことができますよね」

「たしかに」

「となりますと、65歳以降も奥様にお給料やボーナスを持ってこられるご主人に保険は必要ですよね？　奥様」

「そうですね。65歳以降も働いてくれる主人がいなくなったら、その分生活費がなくなるということですよね」

「そうです。でも保険料は払う必要がございません。解約しなければ、ずっと終身保険は奥様をお守り続けることができるのです」

「いいですね」

「上原様が頑張って75歳までお仕事をされ、『もうこの保険は要らないや』ということで解約されますと、さらに利息が多く付いて戻ってきます。**この保険は長く働くお父さんを応援する保険だと思いませんか？**」

「そうか、解約の時期を延ばせば延ばすほどお金が多く戻ってくるんですね」

「その通りです。申し上げましたように21世紀は長生き時代で、長く働く時代です。長い現役時代を切れない保険でお守りし、保険料は一円もムダにしないのが、終身保険です」

Lesson30 のまとめ

　定期保険と終身保険を分かりやすく感動的に説明する。トップセールスはニーズセールスではなく、ウォンツセールスである。ほしくさせる提案力が必要。ふつう終身保険のメリットには、保障がずっと続くとか、解約返戻金があるくらいしか説明がない。以下、ポイントをおさらいする。

1．財産を遺族に残すのなら終身保険ほど効率の良い商品は、日本にはない。保険料を投資金額、保険金を財産と表現するところがポ

イント。

２．解約返戻金という言葉は、ピンとこない。保険料が戻ってくる。しかも利息が付いて。つまりそれまでの保険料はチャラになる。こう提案すれば、月額の保険料が高いなんていう反対は簡単に応酬できる。

３．ご主人は生きているうちにお金を使いたい。奥さんも保険は残してほしい。両方できるのが３番目のメリットだ。契約者貸付とか減額とかは、ここではことさら詳しく説明しなくてもよい。

４．さらに、毎月の保険料を積立として考えると、利息が付いて、しかもその預金を下ろさなければその間、保険がおまけに付いてくるという表現を用いる。表現の仕方ひとつで、商品に対する興味がわく。

　このプレゼンは最終プレゼンの基礎になるので、必ず繰り返しロールプレイングを練習するようにしたい。

　コンプライアンスの問題があるから、お客様が銀行商品と勘違いされないように、あくまでもたとえであることをしっかり伝えることが大切。

Lesson ㉛ 現加入の保険の問題点を共有する

「上原、レッスン30の定期と終身保険の説明が感動的に伝われば、現加入の内容はお客様だってもう簡単に分かるぜ」

「そうですね。どこの部分が定期保険（特約）でどこが終身保険か、図解すれば簡単に理解できますね」

「そうともよ。ポイントは、大きな保障がいつまで続くのかっていうこ

とだな。まあ俺が20年以上お客様の保険を見てきたが、ほとんどが60歳か65歳までだな。ちょっと昔まではそれでもよかったんだな」

「よかったんですか?」

「60歳になれば退職金が出ただろ? 厚生年金も60歳から24,5万もらえた。さらに企業年金ももらえたんだ。一部の上場企業では企業年金と厚生年金合わせて月50万円ももらえた時代もあったんだ」

「今の私の稼ぎよりずっといいですね」

「なに情けねえこと言ってんだい。お前さんはその10倍くれえ月に稼いでみやがれってんだ」

「すみません」

　上原は頭を掻いて苦笑する。

「さらにな、老人医療制度は、当時どうだった? 　上原」

「70歳になったら、保険料負担もなし、通院し放題で月3,200円。入院し放題でも月5,000円しかかからなかったんですよね」

「その通り。介護になりゃあ福祉から最高で月60万円も出たんだぜ!」

「それじゃあ、60歳以降はまったく老後の心配はなしだったんですね」

「そうさ。その良き時代がとっくに終わったんだ。今の時代には、元気で生きていくための生活費、医療費、介護費の負担がかかることを早く気付いていただくんだ。じゃあ、長生き時代を解決するキーワードは何だ?」

「元気なうちは長く働くということですね」

「ザッツライトだ、ミスターウエハラ」

「雲上先生、英語になるとミスターをつけてくれるんですね?」

「習慣は簡単に変えられねえんだ。そんなことは、どうでもいい。長い現役時代を守る保険が必要なことを理解していただくんだ。じゃあ、上原、お前さんが俺の現加入の保険を見ながら問題提起してみろ」

「はい。やってみます」

「雲上様に必要な資金は、①長い現役時代の保障 3,000 万円。②元気で生きていくための貯金に 1,500 万円。③健康保険で不足する医療費の自己負担に耐えられる終身の医療保障。④介護の備えでしたね」

「そうですね」

「今ご加入の保険や貯金がこの 4 つの資金を満たしているかチェックしてみましょう。図表 24 をご覧ください。①の保障は 5,000 万円ありますが、60 歳でこの大きな保障はなくなります。終身保険は 200 万円です。60 歳以降、保障は必要ございませんか？」

「いやー困るでしょ」

「そうですよね。65 歳まで年金は一円も出ませんから当然お仕事をされていますよね？」

「そうですね」

「65 歳以降も年金はご夫婦で 18 万円くらいしかもらえないという予測

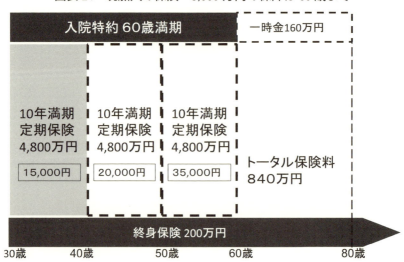

図表 24　現加入の保険　5,000 万円の保障は 60 歳まで

第4部　老後に関する提案

がございますので、その後もお仕事はされるのではないですか？」

「できれば、したいですね」

「奥様、65歳以降もお給料を持って来ていただけるご主人様に保険は必要ですよね？」

「要りますね」

「60歳まで保険料合計は840万円です。雲上様が60歳で解約されると140万円しか戻ってきません」

「それももったいないですね」

「いかがでしょうか。長い現役時代の保障は？」

「保険料がやはり50歳で一気に上がるのは困りますね」

「退職金の額、60歳以降のお給料も不確定ですので、年金の空白期間分②の1,500万円の貯金はされていますか？」

「この保険では、ほとんど貯まらないんですよね」

「そうですね。200万円の終身保険部分を解約すれば140万円ほど戻ってきます」

「それでは全然足りませんね」

「③の医療保障はいかがでしょうか。普通入院が日額5,000円で、がん・脳疾患・心臓疾患・糖尿病・高血圧症の生活習慣病では日額1万円出ますが、60歳で入院特約は切れてしまいます。80歳まで更新は可能ですが、ここで一時金160万円を払い込む必要がございます」

「嬉しくない仕組みですね」

「入院日数を減らすのは国の政策でしたよね。診断一時金のようなものはありません」

「やっぱりダメですね」

「④の介護対策はどうでしょうか？」

「特には、何かこの保険で特約が付いているのでしょうか」

「残念ながら、介護については何もありませんね」

「それは、困るよな」

「この保険、トータル評価はいかがですか」

「うーん。マルは付けられないですね」

「この保険はどんな経緯でお入りになったんですか？」

「職場にセールスの方が来て星占いで生年月日を書いたら、この提案をされたんですよ。『子供も生まれたばかりで、とりあえず5,000万円ならいいかな』という感じで加入してしまいました」

「では、４つすべてマルの付く提案を気に入っていただいたら、この保険をやめることになりますよね。担当者の方との関係は大丈夫ですか？」

「はい、別に問題はありませんね」

いいか上原、お客様の現契約の加入の経緯は必ず聞いておけよ。いざこちらから提案した後で『親戚の義理がある』とか、『友人から入ったからやはりやめられない』ということにならないようにするんだぜ。親戚や友人が担当者の場合は解約しても、関係が悪くならないかも確認しておくんだぜ。

Lesson31 のまとめ

　現加入の保険の問題点を共有するのは、①長い現役時代の最適保障、②1,500万円の貯金、③ご夫婦の終身医療保障で入院日額に左右されないもの、④介護の準備、この４つにマルが付くかどうか、お客様にマルバツを付けていただくこと。財形貯蓄や個人年金保険もインフレ、増税、円安に対応できるのか問題提起することが大切。

第４部　老後に関する提案

Lesson 32 すべての問題を解決する提案

◆４つの資金

「さあ、４つの資金をすべて準備する提案だ。ここでは**図表25**を使ってロープレしてみる。まず、①の3,300万円の終身保険の３つのメリットを感動的に伝えるんだぜ。ここで、トチったらおしめえだぞ。この①が長い現役時代の保障と②の老後生活資金そして、介護の準備もできるんだ」

「まさに、雲上流ここにありですね。では先生ロープレをお願いします」

〜〜

「上原様、それでは４つすべてマルになるご提案をします。**図表25**をご覧ください。今ご加入の保険とは大分違う形になります。まず①ドル介護付き終身保険20万ドル＝2,200万円＋②ドル特定疾病給付終身保険10万ドル＝1,100万円で合計30万ドル＝3,300万円についてご説明いたします」

「はい」

「①はドル終身保険に介護の備えが付いた終身保険です。②はドル終身保険に特定疾病＝ガン・心筋梗塞・脳卒中で一定の診断がされたとき、生きているうちに保険金が受け取れる機能を持った終身保険です。奥様も③④とそれぞれ５万ドルで合計10万ドル＝1,100万円です」

「それはいいですね」

「はい、ご主人だけでも月の保険料は６万6,000円と今の保険と違って圧倒的に高いです」

141

「たしかに高いですね」

「もう一度、この①②の30万ドル終身保険の3つのメリットについて確認いたします。以降は1ドル110円換算で説明します。60歳まで円換算で6万6,000円をお支払いになると、それ以降は一円も保険料を払わずに3,300万円の保障が一生続きます。60歳までにお支払いになる保険料は1,980万円です。つまり**3,300万円の終身保険一つ目のメリットは、1,980万円の投資で3,300万円の財産を必ず奥様、お子様に残すことができる**ということです。投資効果としていかがですか？　もしも奥様、お子様に財産を残す目的であれば、他の金融商品より効率がいいと思いませんか？」

「でも僕が亡くなってからの話ですよね」

「はい、確かにご主人が生きている間には一円も受け取れません。では、ご主人も喜んでいただける終身保険の2つ目のメリットです。1,980万円を60歳までお支払いになって、この保険を解約しますと、2,200万円

図表25　４つの資金を準備する（＊数字は概算です）

1ドル＝110円

10万ドル＝1,100万円

ご夫婦トータル8万1,000円

①〜④解約返戻金
60歳　2,600万円
65歳　2,860万円
70歳　3,100万円
75歳　3,350万円
80歳　3,570万円

④妻ドル特定疾病保障5万ドル

③④合計1万5,000円

③妻ドル介護保障付終身保険5万ドル

ご夫婦60歳保険料合計2,430万円

30万ドル＝3,300万円

②ドル特定疾病終身保険10万ドル
円換算　2万7,000円

①②合計　解約返戻金
65歳　2,430万円　122％
70歳　2,650万円　133％
75歳　2,830万円　143％
80歳　3,010万円　152％

①ドル介護保障付終身保険20万ドル
円換算　3万9,000円
主・特合計6万6,000円

解約返戻金　払込保険料
2,200万円／1,980万円

60歳時111％

35歳　　　　60歳　70歳　75歳　80歳

142

第４部　老後に関する提案

戻ってきます。つまり、60歳までの保険料はタダになるということですね。おまけに220万円利息が付いて戻ってきます。ご主人が3,300万円残すより、60歳以降で解約して2,200万円以上すべて生きているうちに使うことができるのが２つ目のメリットです」

「それは、いいですよね」

「でも今度は少し奥様ががっかりされるかもしれませんね。確率的には奥様の方が長生きですので、少しは保険を残してほしいですよね」

「はい、たしかに」

「終身保険のメリットの３つ目は、ご主人様、奥様両方受け取れる方法です。ご主人は『たくさん保険料を払ったんだから、生きているうちにそのお金を使いたい』奥様は『でも保険も残してほしい』両方オーケーのプランです。3,300万円の財産を作れる保険ですので、①と②から半分の1,500万円位解約してご主人が生きていらっしゃるうちにお使いください。そして残りは保険として残すプランです」

「そんなことができるんですか？」

「はい」

「この図表26をご覧ください。①長い現役時代の保障インフレに負けない3,300万円の保障はいかがでしょうか？　60歳以降も保険料を一円も払わずに3,300万円の死亡保障がずっと続きます。マルをいただけますか？」

「マルですね」

「ありがとうございます。②のインフレに負けない1,100万円の老後生活資金はいかがでしょうか？　60歳で2,200万円が貯まっています。60歳で保険解約できますか？　65歳まで一円も年金が出ませんから当然お仕事されますよね？

「はい。仕事は65歳までしたいと思います」

「60歳以降一円も保険料を払わずにこの3,300万円の保障が続きます。65歳まで働くと、①②で2,430万円解約金は230万円増えています」

143

「いいですね」

「はい、でも年金カット法案が通っていますから2040年以降は今の水準の2割カットされるようです。ですから、ご夫婦で受け取れる年金は16万円位になるかもしれません。お仕事は完全リタイアできますか？」

「無理でしょうね。やはり元気なら65歳以降も仕事をするんでしたよね？」

「その通りです。21世紀は長く働く時代です。70歳まで頑張りますと①②の解約金もさらに2,650万円と増加します。75歳から80歳でリタイアすれば2,800万円から3,000万円位ご主人がお元気で生きていらっしゃるうちに使えるお金が増えているんです。

「いいですね。マルですね」

「ありがとうございます。③のご夫婦の医療の備えはいかがでしょうか？　ご主人は②の特定疾病終身保険が10万ドル、奥様で5万ドルありますから、入院日数や通院日数に関係なくお金のかかるがん・心筋梗塞・脳卒中と一定の診断を受けると、一時金で医療費用を受け取ることができるのです。もちろん私を担当にしていただければ、日本を代表する名医のネットワークもご紹介できます。ご夫婦の医療の備えはいかがでしょうか？」

「マルですね」

「ありがとうございます。4の介護の備えもできるのが①③のドル終身保険のメリットです。①と②の保険から老後資金としてすでに①で10万ドル解約されていても、①の終身保険には死亡しなくても公的要介護状態2と診断されたら、生きていらっしゃるうちに10万ドル＝1,100万円受け取ることができるのです。お父さんが介護状態になったら1,100万円奥様は550万円位保険が出るから面倒見てね』ってお子様やお孫さんに言えたらいいですよね？　それとも、『亡くなったら200万円しか残せないけど介護して』って頼めますか？」

「それは子供たちも困りますよね」

第4部　老後に関する提案

「4の介護の備えはいかがでしょうか？」
「マルですね」
「ありがとうございます。1,980万円投資されて、①3,300万円全部死亡保険として残す、②60歳以降お好きなときに解約されて2,200万円以上生きているうちに使う、③1,500万円位現金で引き出して、残りを死亡保険金としてご遺族に残す。この3,300万円の財産の使い道は契約されたときお決めになる必要はありません。60歳以降お仕事や退職金、健康状態等加味されて3通りの使い方を、そのときにお選びいただければよいのです」
「そう考えるとやはり終身保険っていいですね」
「1保障、2貯金、3医療、4介護にマルがつきますよね」
「はい」

「そして医療保障は、ベストなお医者さんによるベストな治療を受けて

図表26　30万ドル＝3,000万円の財産の使い道

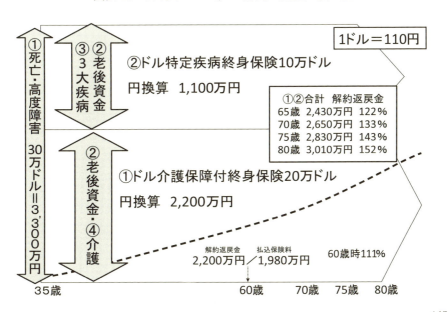

いただきたいので、健康保険の効かない費用もカバーする必要があります。例えば、飛行機や新幹線を使って遠方の名医による治療を受ける場合、交通費や宿泊費は大きな出費です。最初の方で申し上げたように、入院日数を減らすのは国策になりました。放射線治療は体にやさしい治療法ですが、入院ではなく通院になる場合があります。**図表 25** のように、ご夫婦でがん・心筋梗塞・脳卒中で診断給付金を受け取れる保険ですので、入院日数が短い場合でも安心です。がん＝悪性新生物と診断されましたら、それ以降の保険料が免除になる特約もありますので、ご安心ください」

「それは安心ですね」

Lesson32 のまとめ

　すべての問題を解決する提案は、終身保険の最大活用がポイント。ドル終身保険やドル 3 大疾病終身保険に介護の備えが付いているものをお勧めするんだ。こういった確実性の高い財産形成型終身保険を皆様にやっていただくことで、日本の未来は明るくなる。

第5部

クロージング

Lesson 33 クロージング

◆プレゼンとクロージングはセットで行う

　上原素直が雲上哲人のそば道場に通い始めて2週間が経過した。

「いいか、上原。雲上流は即決クロージングだ。プレゼン（＝設計書提示）したら、必ずクロージングをかけるんだ。プレゼンまでは作業だ。クロージングをかけなければ仕事をしたことにならねえぜ。いいか、心の積極化トレーニングを毎日やってきた上原なら、もう断りの恐怖は解決できているはずだ」

「はい、最近なんだかアポイントの電話で断られる気がしなくなってきました」

「そうか、それは毎日のトレーニングの成果だぜ。だったらこれからやるレッスン通り、プレゼン即クロージングをものにするんだぜ」

「なんかいきなり即決は初めてで心配ですけど」

「あのなあ上原、クロージングからが仕事なんだぞ。クロージングをかけないとな、お客様がどう理解して何が分からねえのかが、分からねえんだ。手順を教えるからその通りにやってみるんだぜ」

「素直になります」

「まず、生命保険のクロージングは簡単だ。設計書に金額が書いてあるからな。レッスン32でやった、4つの資金がすべて準備できるプランの金額を当然お客様は見ているわけだ。この金額を見せたら必ず出るフレーズがある。『とても高くてできません』『今決められないので考えさせてほしい』。このフレーズが出た後がクロージングなんだぜ。ほとんどのやつは、このフレーズが出たら怖気づいてクロージングをしないで、帰ってきちまう。これじゃあ、いつまでたっても売れやしねえぜ」

148

第5部　クロージング

「『高くてできない』と『ちょっと考えさせて』これから後がクロージングですか？」
「あったぼうよ。お前さんもアプローチでお客様の気付いていない問題を提起して、その問題を共有するという作業を積み重ねてきたな」
「そうです。アプローチは問題の提起とその共有化でした」
「共有した問題だ。①長い現役時代の保障、②安心して暮らせるリタイア後の生活費、③健康保険でカバーできない医療保障、そして④介護の備えだ。この４つの資金が準備できている人生と資金がまったく足りない人生のイメージ、つまり、映像だな。これを明確に語るんだぜ。『高い』と『考えさせて』はそれぞれきちんと解決する方法があるんだ。さ、ロープレやるから思いっきりこの２つで反対してみやがれ」
「はいお願いします」上原はわくわくした。今まで散々お客様から言われたこの２つの反対を雲上先生はどう応酬するのか？　いつもお客様に言われている通り雲上にぶつけてみた。

〰〰〰〰〰〰〰〰〰〰〰〰〰〰〰〰〰〰〰〰〰〰〰〰〰〰〰〰〰〰〰〰〰〰

「いかがですか？　このプランですとこの４つの資金がすべて準備できます」
「全部で８万1,000円ですか？」
「はい、これで上原様が将来ご心配な問題がすべて解決できます」
　雲上はまさに雲上の人のように微笑みかけている。
「でも高すぎてとてもできませんよ」

　いきなりきたな！　ここで我慢だ。

「ああ、今までの保険のプランと違って保険料と考えると８万円オーバーは驚かれますか」

「はい」

「では、まず6万6,000円の終身保険から見てみましょう。これ6万6,000円の保険料と考えずにサクセス生命に毎月積立をするとは考えられませんか?」

「はあ?」

「私とご縁がなかったら、きっと今の生命保険と財形貯蓄を続けていましたよね」

「ええ、多分」

「そうするとご家族の保険で3万円、財形に3万円合計6万円を60歳までされるということですね」

「はい」

「そうしますと保険と財形で2,160万円(6万円×12ヵ月×30年)の投資になります。2,160万円も投資されたのにご主人の保険は60歳で切れて、保険料720万円(860万円 − 140万円終身保険の解約返戻金 = 720万円)は返ってきませんね」

「そうなりますか?」

「はい、さらに入院特約は80歳まで続けるのではないでしょうか?」

「はい、そこからが入院する可能性が高くなりますからね」

「そういたしますと、160万円の一時金を支払う必要がありますね」

「ここでまた保険料がかかるんですね」

「はい、ご主人の保険料は1,000万円になります。トータル2,320万円(2,160万円 + 160万円)で、投資されて残るのは、多くみてもゼロ金利の財形1,000万円と終身保険200万円となりますね。この200万円は死亡時受取金です。すぐ引き出せる金額は1,000万円ですね」

「2,320万円の投資で1,000万円しかすぐに引き出せないのか」

「私の終身保険だけで考えてみましょう。6万6,000円を60歳まで1,980万円投資して60歳で2,200万円貯蓄ができていると考えられませんか? 220万円の利息って、銀行や郵便局で付きますか?」

150

第5部　クロージング

「そうかあ。それはいいですね」

「実際、60歳ではリタイアできませんでしたね」

「65歳まで年金って出ないんですよね」

「そうです。この終身保険を65歳まで、もちろん保険料は払わずに続けることはできますね。65歳で2,430万円に増えます。月に3万8,000円ずつ利息が付くわけです。このプランは長く働くお父さんを応援するプランです。75歳で完全リタイアしたとして2,830万円積み上がります。月平均3万5,000円の利息を稼いだことになります。しかもその間、保険がずっと付いてくるわけです」

「なるほど」

「生命保険に新たに8万円の投資をされると考えたら大変ですね。今、生命保険に3万円、財形に3万円されていらっしゃるんですから、差額2万1,000円の貯蓄をサクセス生命に追加するとお考えになってください。トータルの投資額は2,430万円です。でも結果が違うんです。60歳で全部この保険をやめたとしても2,600万円戻ります。現状の保険を60歳で解約すると財形と合わせて1,140万円しか残りません。どちらがよろしいですか」

「もちろん2,600万円がいいけど」

「イメージしてください。現金が1,140万円しか残らず、保険は切れてしまっている60歳です。もう一つは2,600万円貯まっていてその後、完全リタイアまで保険が続いている人生です。もちろん70歳を超えて75までお仕事をされればもっとリターンがありますね。一番ご心配ながんの治療費用も、そして名医のネットワークも上原様ご夫妻を守り続けます。そして、この資金の一部1,500万円くらいを引き出して残りを保険として残せばお子様、お孫さんにも安心な介護の備えもできます。プラス2万1,000円で4つの資金が積み立てられるんですよ」

「あと2万1,000円かあ。君どう？　できそうか」

「まあ、できないことないわね」

「でも今決めなくてもいいですよね。ちょっと夫婦で検討したいんです」

また来たな。今度は引き伸ばしだな。

「では何をご検討されたらよいか、整理してみましょうね」
「えっ。はい」
「検討事項は2つあると思います。1つ目は今の保険と財形を続けるか、それともサクセス生命のプランにするかということ。**2つ目はサクセス生命の雲上のプランでいいけれど、金額をいくらにするか検討するということです。**上原様、どちらでしょうか？」
「それは、今の保険と財形では夢がありませんから、そうですね。雲上さんのプランでいくら払えるか検討したいんです」
「ありがとうございます」

雲上のプランに変えるって言ってくださったんだ。後は払ってもらう金額だけになったわけだ。だから「ありがとうございます」で決まりだ。

「では、サクセス生命に口座を開いていただけるということですね。後はお金をいくら入れるかというのをご検討されるわけですね」
「そういうことですね」

これで決まりだ！　二者択一をしていただいて、サクセス生命のプランでいいと言ってくださった。後はいくら払ってもらうかだけだ。金額調整はコンピュータがあるんだから、その場でいくらでもできるだろう。

「それでは、お金以外の手続きをいたしましょう。サクセス生命の口座開設は、銀行とは違いまして健康な方しか口座を作れませんが、上原様

第5部　クロージング

ご夫妻は、今日は健康ですか？」
「今日ですか？　ええ、健康だよな」
「ああそうですか？　よかったです。こちらに告知書がございます。よくお読みになって今の健康状態を告知されてください。『今病気ですか？』という項目がありますが、ここが『はい』にマルが付く方は口座開設できません」

　告知書の記入を先延ばしにするメリットはまったくないぜ。お金がかからないことだから、告知書に記入してもらってクロージングのスタートだ。

　夫婦とも健康告知に問題がなかった。
「大丈夫でした」
「すべて、『いいえ』でしたね。よかったです。保険料の引落しはどちらにされますか？」

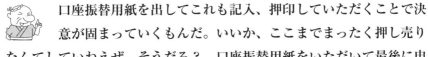　口座振替用紙を出してこれも記入、押印していただくことで決意が固まっていくもんだ。いいか、ここまでまったく押し売りなんてしていねえぜ。そうだろ？　口座振替用紙をいただいて最後に申込書をすっと出すんだ。

「まだ、金額は決まっていませんよ」

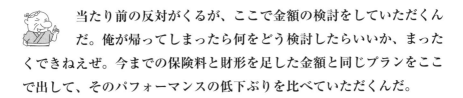　当たり前の反対がくるが、ここで金額の検討をしていただくんだ。俺が帰ってしまったら何をどう検討したらいいか、まったくできねえぜ。今までの保険料と財形を足した金額と同じプランをここで出して、そのパフォーマンスの低下ぶりを比べていただくんだ。

153

「今、お支払いになっている保険料と財形を足して6万円ですね。これと同じ金額のプランを考えてみましょう。上原様はお子様が小さいですから保障は下げることはできませんので、②の貯蓄部分と③の医療、④の介護の備えを下げることになります。つまり終身保険部分を半分の1,500万円に下げ、その代わりに65歳満期1,500万円の定期保険（＝掛け捨ての保険）を組みます（図表27)」

「60歳で全部解約したとしても、1,460万円しか戻りません。終身部分だけですと1,140万円、丁度、最初のプランの半分ということになります」

「ずいぶん貯蓄効果が下がってしまうんですね」

「**そうなんです。今から老後の蓄えとしてプラス2万1,000円頑張るのと60歳以降の人生がまったく変わってしまいませんか？**」

「そうですね」

図表27　保険＋貯金で同じ金額のプラン（＊金額は概算です）

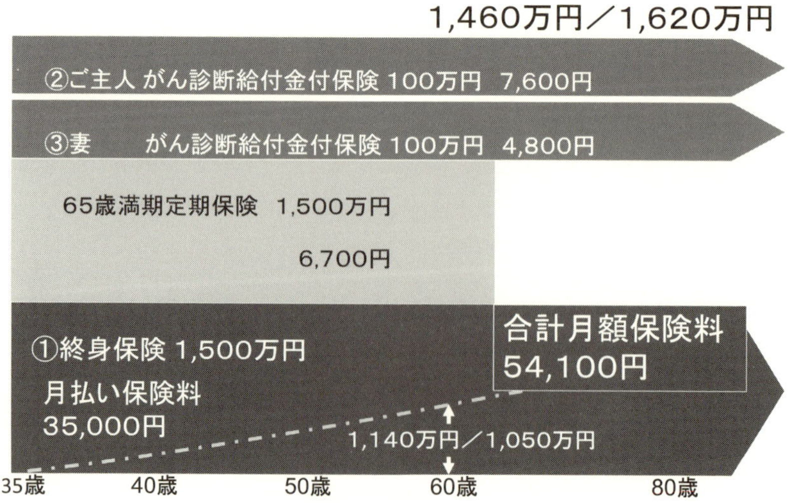

1,460万円／1,620万円

②ご主人 がん診断給付金付保険 100万円　7,600円

③妻　　 がん診断給付金付保険 100万円　4,800円

65歳満期定期保険　1,500万円

6,700円

①終身保険 1,500万円
月払い保険料
35,000円

合計月額保険料
54,100円

1,140万円／1,050万円

35歳　　40歳　　50歳　　60歳　　80歳

154

第5部　クロージング

ここから将来のイメージを語るんだ。プランをフルで実行した人生と貯蓄が不十分な人生のリアルなイメージをドラマ仕立てで語るんだぜ。クロージングとは、正しい決断をするためのアドバイスだ。クロージングを正しくすれば「押し付けられた」というのではなく、「自分たち夫婦で正しい判断をしたんだ」という結果になる。ここからのトークは大切だぜ！

「ももこちゃんの仲のいいお友達はなんとおっしゃいますか？」
「ともみちゃんです」
「想像してくださいね。たとえば、ともみちゃんのお父さんお母さんたちが、上原様が今やっていらっしゃる保険や財形を60歳まで続けていました。ともみちゃんのお父さんの保険は60歳で切れました。お金はほとんど戻ってきません。貯金はあまり貯まっていませんし、ゼロ金利でしたからインフレや増税で貯金の価値も下がってしまいました。医療費や介護費用の自己負担が増えて大変です」
「それは、困るでしょうね」
「ももこちゃんのお父さんは、このサクセス生命のプランをやっていたんですよ。退職金の他に、サクセス生命のプランで2,200万円貯まっています。働いている間は、解約しませんから3,000万円の切れない保障と60歳以降は、毎月サクセス生命が3万円以上の利息をお届けします。お金のかかるがんに対して、一時金の出る保険といいお医者さんの情報でしっかり守られています。70歳過ぎても生きがいを持ってしっかり働くことができましたので、退職金や貯金も残っていますので介護になっても安心です。このとき、ももこさんはなんておっしゃいますかね？」
「それは、安心だって言ってくれるでしょうね」
「安心どころではありません、尊敬するんですよ。周りのお友達のご両親は大変なのに、私のお父さんお母さんは違っていたのです。『お父さんお母さんすごい！　自分の老後のためにこんなにしっかりと準備して

いたの？　お父さん、お母さんの娘でよかった』とおっしゃるんじゃないでしょうか」

「そう言ってもらいたいですね」

「周りのももこさんのお友達はご両親の貯金が足りなくて、看病や介護が大変だというときに、『ももこ、ゆうと心配するな』って言えたらいかがでしょうか？」

「いいですね」

「今の保険料／財形プラス２万1,000円で、将来の安心の資金が準備できます。頑張れませんか？」

「あと、２万1,000円でしょ。あなた頑張りましょうよ」

Lesson33 のまとめ

　雲上流のクロージングは頑張っていただくこと。「契約してください。お願いします」ではないことにある。このプランは老後の資産形成プランだから、お願いするものではない。頑張っていただくものである。頑張っていただければ、それだけのリターンが大きいということ。ただし、どうしてもプラスができない場合は、図表27 のような代替プランを出して「できるところから頑張りましょう！」というクローズをするとよい。

Lesson 34 紹介入手

◆契約時が紹介入手のベストタイミング

「契約をいただいて、喜んで帰っちまったら行くところがなくなっちまう。契約をいただいたときが紹介をいただく一番ホットなときだ。忘れ

第5部　クロージング

ずに紹介をいただくんだぞ」

「はい、でも保険の紹介は難しいっていつも言われてしまうんですよ」

「そんなもんは、お前さんの話し方が悪いからだぜ。ロープレをするからこの通り実行するのみだ。基本だからしっかり覚えるんだぜ」

「上原様、ご英断ありがとうございます。私の話、お役に立てましたでしょうか」

「それはもう、もちろんですよ」

「ありがとうございます。ところで上原様、今日もし私に会っていただけなかったら今までの保険や財形はお続けになっていらっしゃいましたか？」

「多分続けていたでしょうね」

「もしもですよ、上原様が今までの保険と貯金を続けられて60歳を迎えていたら、どうなっていたでしょうか」

「保険は切れて、お金は戻って来ないんでしょ？」

「そうですね。60歳でお気付きになったらお困りになりませんでしょうか？」

「困ったでしょうね」

「今回、抜本的に保険と貯金を見直していただいていかがでしたか？」

「安心ですね」

「ありがとうございます。実は私のお客様になっていただいた方は、ほとんど同じ理由で保険と貯金を見直していただいた方なんですよ」

「私だけじゃないんですか？」

「はい、20世紀は60歳まで働いたら退職金と年金等の社会保障で余生を過ごせたんです。ですからその延長で今の皆様も保険は60歳まで。貯金は財形か郵便局・銀行へというパターンでされていた方がほとんどなんです」

157

上原様ご夫婦だけじゃない、みんな同じパターンで保険や貯金をやっていることを知らせるんだ。この情報で次のステップに進めるんだぜ。

「みんな同じパターンなんですね」
「はい。ところで上原様のお知り合い、お友達はこういった21世紀のライフプランの話はご存知ですか？」
「いや、みんな知らないと思いますよ」
「上原様の職場は人事部ですよね」
「はい、そうですよ」
「人事部は何人いらっしゃいますか？」
「20人ですけど」
「上原様のように30代でお子様がいる方は何人いらっしゃいますか？」
「えーと6人です」
「よくお昼を一緒にされる方は何という方ですか？」
「大山さんとか藤本さんとか」
「もしも大山様が、上原様が今までお入りになっていたと同じ保険や財形をやっていらっしゃったら将来お困りになりませんか？」
「それは、困るでしょうね」
「ということで、大山様が60歳になってお困りにならないためのお話を、今のうちにさせていただきたいんですが、いかがですか？」
「それはいいですけど、どうすればいいんでしょうか？」
「明日、上原様の会社にお昼休みに伺って大山様に会わせていただきたいんです。明日、大山様か藤本様はいらっしゃいますよね？」
「いますけど」
「お昼を食べ終わったころに、私が会社に伺って10分だけミーティングルームでお話をさせていただけないでしょうか」

第5部　クロージング

「いいですけど、なんて言ったらいいんでしょうか？」
「ちょっと紹介したい人がいるといって10分だけ時間をいただいてほしいんです。後は私の仕事ですから、その後は上原様が最初に私と会ったときと同じです」
「ああ、そうだったですね」
「あのときも、実は上原様をご紹介していただいた伊藤様にも同じようにお願いしたわけです。ただ、できれば『上原様の保険も60歳で切れる保険にお入りになっていたんですよね』と話を振ったときに『実はそうだった』とお答えしていただければ嬉しいんですけど」
「それは、実際そうだったんだから『そうだった』って言えばいいんですね」
「はい、ありがとうございます。『大山様の保険も将来お困りにならないために今、チェックだけさせていただけないでしょうか』と私がお願いしたら『見るだけ見てもらった方がいいよ』なんて言っていただくともっと助かります」
「私が伊藤さんから紹介されたときと同じですね」
「まったくその通りです。ただ、もう一つお願いしたいのは、『雲上の話を聞いたからといってサクセス生命に入らなければならない義理や義務はない』とも付け加えてくださるともっと嬉しいです」
「なるほど、それだったらいいですね。とにかく雲上さんに大山さんと藤本さんを会わせればいいんですね」
「はい、でもまずはお一人だけ、最初は大山様をお願いします」

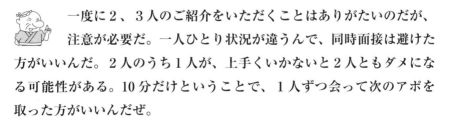

　　一度に2、3人のご紹介をいただくことはありがたいのだが、注意が必要だ。一人ひとり状況が違うんで、同時面接は避けた方がいいんだ。2人のうち1人が、上手くいかないと2人ともダメになる可能性がある。10分だけということで、1人ずつ会って次のアポを取った方がいいんだぜ。

> **Lesson34 のまとめ**
>
> 　お客様に紹介いただく際、サクセス生命の上原を紹介するのは、上原の保険のビジネスを手伝うことではなくて、自分の友達が将来困らないための話をしてもらうことと理解していただくことが大事。ロープレのケースだと、上原さんが『この雲上と会ってよかった。会わなければ60歳になって困ったことになった』という問題を共有しているから、『自分の友達も困らないために、雲上に会わせる』というこの紹介話法が生きてくることになる。

Lesson 35 究極のマーケティング

◆一流企業の職域を作れ

「さあ上原、いよいよ最終レッスンだ。究極の行くところを作る方法は、既契約者の職場に行ってご同僚の方を紹介していただくことだ。漢字の大手生保会社は、上場企業の1％以上の株式を所有している大株主様だ。それで一流企業を職域マーケットとしているのは知っているな」

「はい、うらやましいです」

「てやんで。お前さんも自分で一流企業の職域を作ればいいんだよ。一流企業は、高学歴マーケットだ。リスクに敏感で貯蓄志向も高い。雲上流で教えたアプローチ法はこのマーケットに特に有効だ。インフレ、増税、円高の情報にも興味を示していただけるはずだ」

「どうやって作るんですか？」

「まだそんなこといってやがる。上原にも上場企業にお勤めのお客様がいるだろが」

第5部　クロージング

「ああそうですね。そのお客様にレッスン34で習った方法で同じ職場のご同僚を紹介いただくんですね」

「分かってんじゃねぇか。そうだ、まず1人、点を作る。2人で線になる。3人から面になるじゃあねぇか。そうやって自分で職域を作るんだ。移動時間がかからないから効率もいい。同じ会社の社員さんなら価値観が似ているんだぜ。年収も安定して高い。プランの価値が分かっていただいたら継続率も抜群に高いんだぜ。だが数字には厳しいから気を付けるんだ。だけどな、その厳しい人をお客様にしたらよい紹介が出るんだぜ。変額保険や外貨建ての保険、年金のようなリスク商品にも理解が早いんだ。この職域マーケットを3つ作ってみろ。飛躍的に生産性が上がるぜ」

「分かりました。明日、上場企業にお勤めのお客様と何人かにお会いしてきます」

「アプローチは、まったく一緒だ。生命表を使ったアプローチと2の5の20に負けない資産形成なら必ず興味を持っていただける。**そして時間は10分だからな、詳しい話をもっと聞きたいと思うところで話はストップだ。次回はご自宅で、ご夫婦でお話を聞いていただくことにイエスをいただくんだぜ**」

「はい。でもご自宅に人を呼びたくない方もいらっしゃいますよね」

「その場合は、ご夫婦で会社に来ていただくんだな。ＭＤＲＴのトッププロデューサーは自分のオフィスに証券を持って来ていただいているんだぜ」

「えーっ？　オフィスに来ていただけるんですか？」

「もちろんだ。本当に将来に問題を共有していただければ、上原の会社に来ていただけるんだ。ファミレスや喫茶店はご法度だ。個人情報の問題もあるだろ？」

「喫茶店で年収や住宅ローンの残高なんてお聞きできないですよね」

「その通りだ。じゃあ上原、復習を兼ねてロープレやってみな。お客様

の会社でのアプローチからだ」

「雲上様、雲上様の保険がもしも、60歳で切れて保険料はほとんど戻って来ない。貯金はインフレ、増税、円安で目減りしてしまったら、お困りになりませんか？」
「それは、困るよね」
「実は、ご紹介いただいた伊藤様の保険もそうだったんですよね？」
「まさかと思ったけど、上原さんの言う通りだったんだよ」
「ぜひ、雲上様が60歳になってお困りにならないためのお話をさせていただけないでしょうか？」
「見るだけ見てもらったら？　別にサクセス生命に入らなければならないなんてないんだから」
「女房（主人）に聞いてみるよ」

よく出てくる反対だぜ。さあ、どう応酬する？

「奥様がノーでしたら、お話ができないということですね？」
「うーん。うち、かーちゃんの意見絶対だからなあ」
「でもご主人は将来、保険が切れることも、高額の保険料が戻って来ないのもご心配ですよね？」
「それはそうだけど」
「でしたら奥様を説得していただけないでしょうか？」
「おれが女房を説得するんですか？」
「つかぬことを伺いますが、ご主人がプロポーズをされたんですよね」
「まあ、そうですけど」
「細かい話は、ヤボですからくわしくはお聞きしませんが、奥様を一生

第5部　クロージング

幸せにするって言ったんじゃないですか」

「まあ、そんなこと言ったような」

「神様の前で60歳までの愛を誓ったんじゃありませんよね」

「一生面倒みるっていってしまったかな？（笑）」

「60歳以降も長くお仕事をされるのに生命保険が60歳で切れてしまって、お元気だったら保険料はほとんど戻って来ない。そんなことが60歳で起こったら奥様を幸せにできますか？」

「それはたしかに妻は困ると思うけど」

「では、こう言ってください。『今日、サクセス生命の人の話でね、ひょっとすると保険で結構損するかもしれないって聞いたんだ。君も家に人を呼ぶのは好きではないかもしれないけれど、大切な話だからぜひ君も一緒に話を聞いてほしい』と説得してください。セカンドプロポーズですよ」

「説得できるかなあ？」

「今回お話をお聞きいただくご縁がなかったら、多分保険のことなんて忘れて、仕事、仕事で一所懸命ですよね。そして60歳を迎えるときに『しまった。保険が先に定年になってしまった』ということになったらお困りになりませんか？　そのときの方が奥様に怒られますよ」

「でも話を聞いても本当に保険に入れるかどうか分からないよ」

「それは、まったく構いません。まずは、保険と貯金をチェックさせていただいてご安心していただきたいんです」

「分かりました」

Lesson35 のまとめ

　ここまでアプローチができると、かなりの上達ぶりといえる。「女房に聞いてから、主人に聞いてから」と言われて次のアポを取らなくては、次はない。ノーチャンスである。必ずここで仮のアポ

でもいいから日時を明確にしておくことが大事。もちろんこの直後に、夫婦の生年月日、お子様の年齢、住宅ローンの有無、貯金、保険料等を聞くこと。

◆6週間のコンテスト

　7月第1週、夏のコンテストの表彰が行われている。上原のグラフは30件、コミッション300万円を超えている。半年でまったく別の輝くセールスマンが金賞の金一封を受け取っている。この半年で何と来年のＭＤＲＴと会社の海外表彰の基準を達成した。

　ひさしぶりにフラワーハウスを訪ねた。そこには雲上はいなかった。一通の書き置きがあった。

　「ちょっと上手いそばを仕入れに北海道に行ってくるぜ。上原、個人保険は免許皆伝だ。おめでとう！　よく努力した。努力は楽しいだろ？これからも継続しろよ。そしてさらなる高みを目指すんだぜ。次のステップは社長、ドクター等高額所得者を攻略するんだ。来年はＭＤＲＴ年次総会のサイト、ニューオーリンズで会おう。成功は生まれながらの素質や才能ではない。人は、いつからでも成長できるからな。今度はＭＤＲＴメンバーとして、後輩の師匠となるんだ。成功は雲の上にあらず。それはすぐあなたのそばにある！　雲上徹人」

本書のレッスンを受けたい方に

　皆さん、雲上先生のレッスンいかがでしたか？　主人公の上原さん（仮名）は実在します。まさにこのレッスンを受けて大逆転した、今はトップセールスです。酔っぱらってエグゼに絡んだのは実は彼ではなく、昔の私がモデルで神山エグゼ（仮名）は今も私の師匠です。

　一人でも多くの上原さんを輩出したいと思って、パーフェクトアプローチコース（ＰＡＣ）という研修を毎月開催しています。15 年間で、2,000 人以上の方に受講していただいています。そのうち今も 230 人がＭＤＲＴの基準をクリアしています。本書はそのノウハウのすべてをお伝えするつもりで書きましたが、大幅に予定の枚数を超えてしまいました。プレゼンで、インフレ、増税、円安対策として、外貨建ての終身保険や変額保険の提案も入れたかったのですが、今回は、円建てのシンプルな提案だけにしました。よってＰＡＣの内容の半分もお伝えできていません。ぜひ、門を叩いてください。

　福地恵士は、雲上先生のようなべらんめえ口調ではありませんので、ご安心を！　そばも年に 1 回しか打っていませんので、なかなか皆さんに食べてもらう機会が作れません。

　でも、ぜひあなたも人生を変えてほしいのです。楽しい努力をし続ければ、必ず成果が出ます。本書にあるように、上原さんに特別な才能や能力はありませんでした。ただ、ひたすら素直に私のレッスンを実行し続けてもらっただけです。

　人はいつからでも成長できるのです。これは、人間だけに与えられた特典です。この特典をあなたも生かすべきです。

　お試しレッスンは毎月開催しています。ぜひあなたにも第 2 第 3 の上原さんになっていただきたいと願っています。

　私が 24 年間やり続けてきたこと。それは、日本の保険と貯金の流れ

を変えて、本当に喜んでいただける長い保障と資産形成のお手伝いをすることでした。世界一の長寿国日本が、加入している保険は、ほとんどが万が一だけ（＝early death）のニーズを満たすだけです。生命表で勉強したように、男性で90歳、女性は100歳（＝longevity）のライフプランが必要です。長く働く時代がやってきました。ですから20年以上前から60歳から先のコンサルティングが必要だと繰り返し提唱し続けてきました。実際の高齢化は予想より早いスピードで進んでいます。一人でも多くの方に、長生き時代に必要な保険と資産形成プランを始めていただきたいと願ってやみません。

　皆さんの会社で教えている合理的な保険も否定はしません。ただ、皆さんの20年以上先を歩いてきた先輩として、申し上げたいことがあります。資産形成プランをお客様に持っていただくと本当に一生涯のお付き合いができます。長い保障であること。そして大きく育った資産を違ったステージに活用する場面が必ずやってくるということです。つまり貯まった返戻金を年金に変える。介護保険に変えるといった、また別のビジネスチャンスが続くということです。一生涯コンサルティングを続けていく。保険の切れ目が縁の切れ目にならないことを日々実感しています。

　20年以上前に私のお客様になっていただいた方は、次々と終身保険の払込みが終了しています。しかし解約される方は一人もいらっしゃいません。なぜでしょうか？　それは、今もお元気で現役を続けていらっしゃるからです。最近、がん・心臓疾患・脳疾患の名医へのアテンドも毎月のように相談があります。「あなたが担当で本当によかった」と言っていただける瞬間です。

　ＰＡＣのセミナーを受講された方に、継続研修を東京、大阪、福岡で毎月1回開催しています。そこでさらなる高みを目指して研鑽しています。がん、脳外科、心臓外科の世界を代表する名医のセミナーも開催しています。

本書のレッスンを受けたい方に

　命は、情報＝名医のネットワークとお金＝保険で守られるのです。あなたもこのネットワークを手に入れませんか？　研修受講生の特典です。詳しくは弊社エイムまで。

【株式会社エイムのホームページ】　http:// 福地恵士 aim.com/

〒 173-0023　東京都板橋区大山町 22 — 9

電話　03-5917-0356　Fax　03-5917-0359

【福地恵士のプロフィール】

1957 年 9 月　東京生まれ　血液型 A 型　埼玉県坂戸市在住　妻 長女　　　　　　　　長男 次男の 5 人家族

1981 年 3 月　法政大学経済学部経営学科卒

1981 年 4 月　ＨＯＹＡ株式会社入社　眼鏡店のルートセールスを 10 年　　　　　　　　経験

1991 年 4 月　ソニー生命保険株式会社にライフプランナーとして入社　　　　　　　　9 年間の在任中に社長杯 8 回入賞

1995 年10月　CFP® 取得

1998 年 4 月　エグゼクティブライフプランナー（部長格）認定

2000 年 3 月　株式会社エイムを設立し代表取締役に就任

2019 年 4 月　ＭＤＲＴ 27 回登録　成績資格終身会員

　自ら現役の生保セールス活動の傍ら、生保セールス育成、営業マネージャー研修等の営業教育事業を展開中

＜研修指針＞

強い心の土台にスキルのビルを建てる

＜著書＞

「得する保険 損する保険（アチーブメント出版)」

「感動！医療保険のプレゼンテーション」

「法人保険 驚異のダイヤモンドアプローチ」

「行くところがなくなったら読む本」

「大丈夫、絶対売れる！」

「成功はあなたのすぐそばに」

「節税商品に頼らない社長ドクターの攻略本」

「大逆転の生命保険セールス」

「新・生命保険セールスのアプローチ」

（以上、近代セールス社）

＜小冊子＞

「そのがん誰に切ってもらいますか？」「生命保険 裸の王様」「そのが
ん切るのちょっと待った」「今なぜドル保険・年金か？」「がん・心臓・
脳の名医差し上げます」「21世紀を賢く生きるお金の話」

＜趣味＞

ゴルフ　ＡＶ（音楽映画鑑賞）　そば打ち

＜モットー＞

熱意は　スキル、知識を超越する。

【株式会社エイムの研修事業】

21世紀型ライフプランの講演活動

生保セールス育成　営業マネージャー研修等のセミナー事業を展開

【株式会社エイムの保険代理店事業】

生保7社　損保6社の総合代理店事業

株式会社エイムの経営理念　―自主自立の人生の啓蒙と実践―

無料メルマガ「そこが知りたい生命保険トップセールスへの道」

登録アドレス　http://福地恵士 aim.com/

〈改訂新版〉
完全ロープレ形式

成功はあなたのすぐそばに
～頑固職人が教える生命保険セールスのすべて～

令和元年7月20日　改訂初版（通算第3刷）

著　者 ———————— 福地恵士
発行者 ———————— 楠真一郎
発　行 ———————— 株式会社近代セールス社
　　　　　　　　　　〒165-0026　東京都中野区新井2-10-11　ヤシマ1804ビル4階
　　　　　　　　　　電　話　03-6866-7586
　　　　　　　　　　ＦＡＸ　03-6866-7596
編集協力 ———————— 金田雄一
　　　　　　　　　　福地萌々子
デザイン・イラスト — Rococo Creative
印刷・製本 ———————— 株式会社暁印刷

ⓒ2019 Keiji Fukuchi
本書の一部あるいは全部を無断で複写・複製あるいは転載することは、法律で定められた場合を除き著作権の侵害になります。
ISBN978-4-7650-2151-7